CATHERINE BLUM

PAR

ALEXANDRE DUMAS

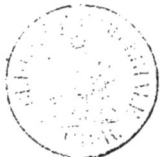

I

AVANT LE RÉCIT.

Tu me disais hier, mon enfant :

— Cher père, tu ne fais pas assez de livres comme *Conscience*.

Ce à quoi je t'ai répondu :

— Ordonne : tu sais bien que je fais tout ce que tu veux. Explique-moi le livre que tu désires, et tu l'auras.

Alors, tu as ajouté :

— Eh bien! je voudrais une de ces histoires de ta jeunesse, un de ces petits drames inconnus du monde, qui se passent à l'ombre des grands arbres de cette belle forêt dont les profondeurs mystérieuses t'ont fait rêveur, dont le mélancolique murmure t'a fait poëte; un de ces événemens que tu nous racontes parfois en famille, pour te reposer des longues épopées romanesques que tu composes; événemens qui, selon toi, ne valent pas la peine d'être écrits. Moi, j'aime ton pays, que je ne connais pas, que j'ai vu de loin à travers tes souvenirs, comme on voit un paysage à travers un rêve!

— Oh! et moi aussi, je l'aime, mon bon pays, mon cher village! car ce n'est guère autre chose qu'un village, quoiqu'il s'appelle *bourg* et s'intitule *ville*; je l'aime à en fatiguer, non pas vous autres, mes amis, mais les indifférens. Je suis, à l'endroit de Villers-Cotterets, comme mon vieux Rusconi est à l'endroit de Colmar. Pour lui, Colmar est le centre de la terre, l'axe du globe; l'univers tourne autour de Colmar! c'est à Colmar qu'il a connu tout le monde! Carrel « Où avez-vous donc connu Carrel, Rusconi? — J'ai conspiré avec lui à Colmar, en 1821. » Talma! « Où avez-vous donc connu Talma, Rusconi? — Je l'ai vu jouer à Colmar, en 1816. » Napoléon! « Où avez-vous donc connu Napoléon, Rusconi? — Je l'ai vu passer à Colmar, en 1808. » Eh bien! tout date pour moi de Villers-Cotterets, comme tout date de Colmar pour Rusconi.

Seulement, Rusconi a sur moi cet avantage ou ce désavantage de n'être pas né à Colmar : il est né à Mantoue, la ville ducale, la patrie de Virgile et de Sordello, tandis que moi je suis né à Villers-Cotterets.

Aussi, tu le vois, mon enfant, ne faut-il pas me presser beaucoup pour me faire parler de ma bien-aimée petite ville, dont les maisons blanches, groupées dans le fond du fer à cheval que forme son immense forêt, ont l'air d'un nid d'oiseaux que l'église, avec son clocher au long col, domine et surveille comme une mère. Tu n'as qu'à ôter de mes lèvres le sceau qui y clôt mes pensées et y enferme mes paroles, pour que pensées et paroles s'en échappent vives et pétillantes comme la mousse du cruchon de bière, qui nous fait jeter un cri et nous écarte les uns des autres à notre table d'exil, ou comme celle du vin de Champagne, qui nous arrache un sourire et nous rapproche en nous rappelant le soleil de notre pays.

En effet, n'est-ce pas là que j'ai véritablement vécu, puisque c'est là que j'ai attendu la vie? On vit par l'espérance bien plus que par la réalité. Qui fait les horizons d'or et d'azur? Hélas! mon pauvre enfant, tu sauras cela un jour : c'est l'espérance!

Là, je suis né; là, j'ai jeté mon premier cri de douleur; là, sous l'œil de ma mère, s'est épanoui mon premier sourire; là, j'ai couru, tête blonde aux joues roses, après ces illusions juvéniles qui nous échappent ou qui, si on les atteint, ne nous laissent aux doigts qu'un peu de poussière veloutée, et qu'on appelle des papillons. Hélas! c'est encore vrai et étrange ce que je vais te dire : on ne voit de beaux papillons que lorsqu'on est jeune; plus tard viennent les guêpes, qui piquent; puis les chauves-souris, qui présagent la mort.

Les trois périodes de la vie peuvent se résumer ainsi : jeunesse, âge mûr, vieillesse; papillons, guêpes, chauves-souris!

C'est là que mon père est mort. J'avais l'âge où l'on ne sait pas ce que c'est que la mort, et où l'on sait à peine ce que c'est qu'un père.

C'est là que j'ai ramené ma mère morte; c'est dans ce

charmant cimetière, qui a bien plus l'air d'un enclos de fleurs à faire jouer des enfans que d'un champ funèbre où coucher des cadavres, qu'elle dort côte à côte avec le soldat du camp de Maulde et le général des Pyramides. Une pierre que la main d'une amie a étendue sur leur tombe les abrite tous deux.

A leur droite et à leur gauche gisent les grands parens, le père et la mère de ma mère, des tantes dont je me rapelle le nom, mais dont je ne vois le visage qu'à travers le voile grisâtre des longues années.

C'est là enfin que j'irai dormir à mon tour, le plus tard possible, mon Dieu! car ce sera bien malgré moi que je te quitterai, mon cher enfant!

Ce jour-là, je retrouverai, à côté de celle qui m'a allaité, celle qui me berça : la maman Zine, dont je parle dans mes *Mémoires*, et près du lit de laquelle le fantôme de mon père est venu me dire adieu!

Comment n'aimerais-je point à parler de cet immense berceau de verdure où chaque chose est pour moi un souvenir? Je connaissais tout, là-bas, non-seulement les gens de la ville, non-seulement les pierres des maisons, mais encore les arbres de la forêt! Au fur et à mesure que ces souvenirs de ma jeunesse ont pleuré, je les ai pleurés. Têtes blanches de la ville, cher abbé Grégoire, bon capitaine Fontaine, digne père Niguet, cher cousin Deviolaine, j'ai essayé parfois de vous faire revivre; mais vous m'avez presque effrayé, pauvres fantômes, tant je vous ai trouvés pâles et muets malgré ma tendre et amicale évocation! Je vous ai pleurés, pierres sombres du cloître de Saint-Rémy, grilles colossales, escaliers gigantesques, cellules étroites, cuisines cyclopéennes, que j'ai vus tantôt assise par assise, jusqu'à ce que le pic et la pioche découvrissent au milieu des débris vos fondations, larges comme des bases de remparts, et vos caves, béantes comme des abîmes! Je vous ai pleurés, vous surtout, beaux arbres du parc, géans de la forêt, familles de chênes au tronc rugueux, de hêtres à l'écorce polie et argentée, de peupliers trembleurs, et de marronniers aux fleurs pyramidales, autour desquelles bourdonnaient, dans les mois de mai et de juin, des essaims d'abeilles au corps gonflé de miel, aux pattes chargées de cire! Vous êtes tombés tout à coup en quelques mois, vous qui aviez encore tant d'années à vivre, tant de générations à abriter sous votre ombre, tant d'amours à voir passer mystérieusement et sans bruit sur le tapis de mousse que les siècles avaient étendu à vos pieds! Vous aviez connu François Ier et madame d'Etampes, Henri II et Diane de Poitiers, Henri IV et Gabrielle; vous parliez de ces illustres morts sur vos écorces creusées; vous aviez espéré que ces croissans triplement enlacés, que ces chiffres amoureusement tordus les uns aux autres, que ces couronnes de lauriers et de roses vous sauvegarderaient d'un trépas vulgaire et de ce cimetière mercantile qu'on appelle un chantier. Hélas! vous vous trompiez, beaux arbres! Un jour, vous avez entendu le bruit retentissant de la cognée et le sourd grincement de la scie. C'était la destruction qui venait à vous! c'était la mort qui vous criait : « A votre tour, orgueilleux! »

Et je vous ai vus couchés à terre, mutilés dans votre faîte, avec vos branches éparses autour de vous; et il m'a semblé que, plus jeune de cinq mille ans, je parcourais cet immense champ de bataille où se déroule la plaine de Pélion et Ossa, et que je voyais étendus à mes pieds ces titans aux trois têtes et aux cent bras qui avaient essayé d'escalader l'olympe, et que Jupiter avait foudroyés!

Si jamais tu te promènes avec moi et appuyé à mon bras, cher enfant de mon cœur, au milieu de tous ces grands bois; si tu traverses ces villages épars, si tu t'assieds sur ces pierres couvertes de mousse, si tu inclines la tête vers ces tombes, il te semblera d'abord que tout est silencieux et muet; mais si je t'apprends le langage de tous ces vieux amis de ma jeunesse, et alors tu comprendras quel doux murmure ils font à mon oreille, vivans ou morts.

Nous commencerons par l'orient, et c'est tout simple :

pour toi, le soleil se lève à peine; ses premiers rayons font encore cligner tes grands yeux bleus où le ciel se mire. Là, nous visiterons, en appuyant un peu au midi, ce charmant petit château de Villers-Hellon, où j'ai joué, tout enfant, cherchant au milieu des massifs, à travers les vertes charmilles, ces fleurs vivantes que nos jeux éparpillaient et qui s'appelaient Louise, Augustine, Caroline, Henriette, Hermine. Hélas! aujourd'hui, deux ou trois de ces belles tiges si souples sont brisées sous le vent de la mort; les autres sont mères, quelques-unes grand'mères. Il y a quarante ans de l'époque dont je te parle, mon cher enfant, à toi qui, dans vingt ans seulement, sauras ce que c'est que quarante ans.

Puis, continuant le périple, nous traverserons Lorcy. Vois-tu cette pente rapide parsemée de pommiers, et qui trempe sa base dans cet étang à l'eau et aux herbes vertes? Un jour, trois jeunes gens, emportés dans un char à bancs par un cheval imbécile ou furieux, ils n'ont jamais bien su si c'était l'un ou l'autre, roulaient comme une avalanche, se précipitant tout droit dans cette espèce de Cocyte! Par bonheur, une des roues accrocha un pommier; ce pommier fut presque déraciné! Deux des jeunes gens furent lancés par-dessus le cheval, comme Absalon, resta suspendu à une branche, non point par la chevelure, quoique sa chevelure eût fort prêté à cette pendaison, mais par la main! Les deux jeunes gens qui avaient été lancés par-dessus le cheval étaient, l'un mon cousin Hippolyte Leroy, dont tu m'as quelquefois entendu parler, l'autre mon ami Adolphe de Leuven, dont tu m'entends parler toujours; le troisième, c'était moi.

Que serait-il arrivé de ma vie, et, par conséquent de la tienne, mon pauvre enfant, si ce pommier ne se fût trouvé là, à point nommé, sur ma route?

A une demi-lieue à peu près, toujours en nous avançant de l'est au midi, nous devons trouver une grande ferme. Tiens, la voilà avec son corps de logis couvert de tuiles, et ses dépendances coiffées de chaume : c'est Vouty.

Là, mon enfant, demeure encore, je l'espère, quoiqu'il doive avoir aujourd'hui plus de quatre-vingts ans, un homme qui a été à ma vie morale, si je puis m'exprimer ainsi, ce que ce bon pommier que je te montrais tout à l'heure, et qui arrêta notre char à bancs, a été à ma vie matérielle. Cherche dans mes *Mémoires*, et tu trouveras son nom : c'est ce vieil ami de mon père qui est entré un jour chez nous revenant de la chasse, une moitié de la main gauche emportée par son fusil qui avait crevé. Quand la rage me prit de quitter Villers-Cotterets et de venir à Paris, au lieu de me mettre, comme les autres, des lisières aux épaules et des entraves aux jambes, il me dit : « Va! c'est la destinée qui te pousse! » et il me donna, pour le général Foy, cette fameuse lettre qui m'ouvrit l'hôtel du général et les bureaux du duc d'Orléans.

Nous l'embrasserons bien fort, ce bon cher vieillard à qui nous devons tant, et nous continuerons notre chemin, qui nous conduira sur une grande route, au faîte d'une montagne.

Regarde, du haut de cette montagne, cette vallée, cette rivière et cette ville.

Cette vallée et cette rivière sont la vallée et la rivière d'Ouroy.

Cette ville, c'est la Ferté-Milon, la patrie de Racine.

Il est inutile que nous descendions cette pente et que nous entrions dans la ville : personne ne saurait nous y montrer la maison qu'habita le rival de Corneille, l'ingrat ami de Molière, le poëte disgracié de Louis XIV.

Ses œuvres sont dans toutes les bibliothèques; sa statue, œuvre de notre grand sculpteur David, est sur la place publique; mais sa maison n'est nulle part, ou plutôt la ville tout entière, qui lui doit sa gloire, est sa maison.

Enfin, on sait que Racine naquit à la Ferté-Milon, tandis qu'on ignore où naquit Homère.

Voilà maintenant que nous marchons du midi au couchant. Ce joli village qui semble être sorti il n'y a qu'un instant de la forêt pour venir se chauffer au soleil, c'est

Boursonne. Te rappelles-tu la *Comtesse de Charny*, un des livres de moi que tu préfères, cher enfant ? Eh bien ! alors, ce nom de Boursonne t'est familier. Ce petit château, habité par mon vieil ami Hutin, c'est celui d'Isidore Charny ; de ce château, le jeune gentilhomme sortait furtivement le soir, courbé sur le cou de son cheval anglais, et, en quelques minutes, il était de l'autre côté de la forêt, sous l'ombre projetée par ces peupliers : de là, il pouvait voir s'ouvrir et se fermer la fenêtre de Catherine. Une nuit, il rentra tout sanglant : une des balles du père Billot lui avait traversé le bras ; une autre lui avait labouré le flanc. Enfin, un jour, il sortit pour plus rentrer ; il allait accompagner le roi à Montmédy, et resta couché sur la place publique de Varennes, en face de la maison de l'épicier Sausse.

Nous avons traversé la forêt du midi au couchant, en passant par le Plessy-au-Bois, la Chapelle-aux-Auvergnats, et Coyolles ; encore quelques pas, et nous sommes en haut de la montagne de Vauciennes.

C'est à cent pas derrière nous qu'un jour, ou plutôt une nuit, en revenant de Crépy, je trouvai le cadavre d'un jeune homme de seize ans. J'ai raconté, dans mes *Mémoires*, ce sombre et mystérieux drame. Le moulin à vent qui s'élève à gauche de la route, et qui fait lentement et mélancoliquement tourner ses grandes ailes, sait seul, avec Dieu, comment les choses se sont passées. Tous deux sont restés muets : la justice des hommes a frappé au hasard : par bonheur, l'assassin en mourant a avoué qu'elle frappait juste.

La crête de montagne que nous allons suivre, et qui domine cette grande plaine à notre droite, cette belle vallée à notre gauche, c'est le théâtre de mes exploits cynégétiques. Là, j'ai débuté dans la carrière des Nemrod et des Levaillant, les deux plus grands chasseurs, à ce que je me suis laissé dire, des temps antiques et des temps modernes. A droite, c'était le domaine des lièvres, des perdrix et des cailles ; à gauche, celui des canards sauvages, des sarcelles et des bécassines. Vois-tu cet endroit plus vert que les autres, qui semble un charmant gazon peint par Watteau ? C'est une tourbière où j'ai failli laisser mes os ; je m'y enfonçais tout doucement : par bonheur, j'eus l'idée de passer mon fusil entre mes deux jambes ; la crosse d'un côté, le bout du canon de l'autre, rencontrèrent un terrain un peu plus solide que celui où je commençais à m'engloutir ; je m'arrêtai dans cette descente verticale, qui ne pouvait manquer de me conduire tout droit aux enfers. Je criai au meunier de ce moulin que tu aperçois d'ici, couché près de la vanne de ce grand étang, accourut à mes cris ; il me jeta la corde de son chien ; j'attrapai la corde ; il me tira à lui, et je fus sauvé. Quant à mon fusil, auquel je tenais beaucoup, qui tuait de très loin, et que je n'aurais point assez riche pour remplacer, je n'eus qu'à serrer les jambes, et il fut sauvé avec moi.

Poursuivons notre chemin. Nous allons maintenant de l'occident au nord. Là-bas, cette ruine, dont un fragment se dresse pareil au donjon de Vincennes, c'est la tour de Vez, seul reste d'un manoir féodal abattu depuis longtemps. Cette tour, c'est le spectre en granit des temps passés ; elle appartient à mon ami Paillet. Tu te rappelles cet indulgent maître clerc qui venait avec moi, en chassant de Crépy à Paris, et dont le cheval, quand nous apercevions un garde champêtre ou particulier, avait la bonté d'emporter le chasseur, son fusil, ses lièvres, ses perdreaux, ses cailles, tandis que l'autre chasseur, touriste inoffensif, se promenait les mains dans ses poches, admirant le paysage et étudiant la botanique.

Ce petit château, c'est le château des Fossés. Là s'éveillèrent mes premières sensations ; de là datent mes premiers souvenir. C'est aux Fossés que je vis mon père sortant de l'eau, d'où, avec l'aide d'Hippolyte, ce nègre intelligent qui, de peur de la gelée, jetait les fleurs et rentrait les pots, il venait de tirer trois jeunes gens qui se noyaient. L'un des trois, celui qu'avait sauvé mon père,

s'appelait Dupuy ; c'est le seul nom que je me rappelle. Hippolyte, excellent nageur, avait sauvé les deux autres.

Là cohabitait Moquet, le garde champêtre *cauchemardé* qui mettait un piége sur sa poitrine pour prendre la mère Durand, et Pierre le jardinier, qui coupait en deux, avec sa bêche, des couleuvres du ventre desquelles sortaient des grenouilles toutes vivantes ; là, enfin, vieillissaient majestueusement le vieux Truff, quadrupède non classé par monsieur de Buffon, moitié chien, moitié ours, sur le dos duquel on me plaçait à califourchon, et qui me permit de prendre n es premières leçons de haute école.

Maintenant, dans la direction du nord-ouest, voici Haramont, charmant village perdu sous ses pommiers, au milieu d'une clairière de la forêt, et illustré par la naissance de l'honnête Ange Pitou, le neveu de la tante Angélique, l'élève de l'abbé Fortier, le condisciple du jeune Gilbert, et le compagnon d'armes du patriote Billot. Cette illustration, contestée par des gens qui prétendent, avec quelque raison peut-être, que Pitou n'a jamais existé que dans mon imagination, à la seule que puisse revendiquer Haramont, continuons notre route jusqu'à cette double mare du chemin de Compiègne et du chemin de Vivières, près de laquelle je reçus l'hospitalité de Boudoux, le jour où je m'enfuis de la maison maternelle pour ne pas aller au séminaire de Soissons, où j'eusse probablement été tué deux ou trois ans après par l'explosion de la poudrière, comme le furent quelques-uns de mes jeunes camarades.

Viens au milieu de cette large percée qui va dans la direction du midi au nord ; nous avons à une demi-lieue derrière nous le château massif bâti par François Ier, et sur lequel le vainqueur de Marignan et le vainqueur de Pavie a posé le cachet de ses salamandres ; et devant nous, fermant l'horizon, une haute montagne couverte de genêts et de fougères. Un des souvenirs terribles de ma jeunesse se rattache à cette montagne. Une nuit d'hiver où la neige avait étendu son blanc tapis sur cette longue et large allée, je m'aperçus que j'étais silencieusement suivi à vingt pas par un animal de la taille d'un gros chien, dont les yeux brillaient comme deux charbons ardens.

Je n'eus pas besoin de regarder l'animal à deux fois pour le reconnaître.

C'était un énorme loup !

Ah ! si j'avais eu mon fusil ou ma carabine, ou seulement un briquet et une pierre à feu !... Mais je n'avais pas même un pistolet, pas même un couteau, pas même un canif !

Heureusement, chasseur depuis cinq ans déjà, quoique je n'en eusse que quinze, je savais les mœurs du rôdeur de nuit auquel j'avais affaire ; je savais que, tant que je serais debout et que je ne fuirais pas, je n'avais rien à craindre. Mais regarde, mon cher enfant, la montagne est toute crevassée de fondrières ; je pouvais tomber dans l'une de ces fondrières : alors, d'un seul bond, le loup serait sur moi, et il faudrait voir qui de nous deux aurait meilleures griffes et meilleures dents.

Le cœur me battit fort, je me mis à chanter cependant ; j'ai toujours chanté abominablement faux : un loup tant soit peu musicien se fût sauvé ! Le mien ne l'était pas ; la musique, au contraire, lui plut, à ce qu'il paraît ; il fit le second dessous avec un hurlement plaintif et affamé. Je me tus, et je continuai ma route en silence, pareil à ces damnés à qui Satan a tordu le cou, et que Dante rencontre dans le troisième cercle de l'enfer, marchant en avant et regardant en arrière.

Mais je m'aperçus bientôt que je commettais une grave imprudence ; en regardant du côté du loup, je ne voyais pas à mes pieds ; je trébuchai, le loup prit un élan.

J'eus le bonheur de ne pas tomber tout à fait ; mais le loup n'était plus qu'à dix pas de moi.

Pendant quelques secondes, les jambes me manquèrent ; malgré un froid de dix degrés, la sueur coulait de mon front. Je m'arrêtai : le loup s'arrêta.

Il me fallut cinq minutes pour reprendre mes forces ;

ces cinq minutes, à ce qu'il paraît, semblèrent longues à mon compagnon de route : il s'assit sur son derrière, et poussa un second hurlement plus affamé encore et plus plaintif que le premier.

Ce hurlement me fit frissonner jusqu'à la moelle des os.

Je me remis en route en regardant désormais à mes pieds, m'arrêtant chaque fois que je voulais voir si le loup me suivait toujours, se rapprochait ou s'éloignait.

Le loup s'était remis en route en même temps que moi, s'arrêtant quand je m'arrêtais, marchant quand je marchais, mais maintenant sa distance, et se rapprochant même plutôt qu'il ne s'éloignait.

Au bout d'un quart d'heure il n'était plus qu'à cinq pas de moi.

Je touchais au parc, c'est-à-dire que j'étais en ce moment à un kilomètre à peine de Villers-Cotterets ; mais la route était coupée en cet endroit par un large fossé, ce fameux fossé que je sautai pour donner à la belle Laurence une idée de mon agilité, et où je crevai si malheureusement la culotte de nankin avec laquelle j'avais fait ma première communion, tu te rappelles ? Ce fossé, je l'eusse bien sauté, et avec plus d'agilité encore, j'en réponds, que le jour en question ; mais, pour le sauter, il me fallait courir, et je savais qu'au quart de ma course j'aurais le loup sur les épaules.

J'étais donc obligé de faire un détour et de passer par une barrière à tourniquet. Tout cela n'eût été rien, si la barrière et le tourniquet n'eussent point été placés dans l'ombre projetée par les grands arbres du parc. Qu'allait-il se passer pendant que je traverserais cette ombre ? L'obscurité ne ferait-elle point sur le loup l'effet contraire à celui qu'elle faisait sur moi ? Elle m'effrayait : ne l'enhardirait-elle point ? Plus l'obscurité est épaisse, plus le loup y voit.

Il n'y avait pas à hésiter cependant ; je m'engageai dans l'obscurité ; je n'exagère pas en disant qu'il n'y avait pas un seul de mes cheveux qui ne fût une goutte de sueur, pas un fil de ma chemise qui ne fût trempé. En traversant le tourniquet, je jetai un coup d'œil derrière moi : l'obscurité était telle que la forme du loup avait disparu ; on ne voyait plus dans la nuit que deux charbons ardents.

Une fois passé, je fis tourner violemment le croisillon mobile ; le bruit qu'il rendit en tournant intimida le loup, qui s'arrêta une seconde ; mais, presque aussitôt, il sauta si légèrement par-dessus la barrière, que je n'entendis point la neige crier sous ses pattes, et qu'il se retrouva à la même distance de moi.

Je regagnai le milieu de l'allée par la ligne la plus droite.

Je me trouvai dans la lumière, et je revis, non plus seulement ces deux yeux terribles qui trouaient l'obscurité de leurs prunelles de flammes, mais bien mon loup tout entier.

A mesure que j'avançais vers la ville, et son instinct l'avertissait que j'allais lui échapper, il se rapprochait davantage. Il n'était plus qu'à trois pas de moi, et, cependant, je n'entendais ni le bruit de sa marche, ni celui de sa respiration. On eût dit un animal fantastique, un spectre de loup.

Néanmoins, j'avançais toujours. Je traversai le jeu de paume, j'entrai dans ce qu'on appelle le *Parterre*, vaste pelouse découverte et unie où je ne craignais plus les fondrières. Le loup était tellement près de moi, que, si je me fusse arrêté tout à coup, il eût donné du nez contre mes jarrets. Je mourais d'envie de frapper du pied, de battre des mains l'une contre l'autre en poussant quelque gros juron ; mais je n'osais pas ; si je l'eusse osé, sans aucun doute il eût fui, ou du moins se fût éloigné momentanément.

Je mis dix minutes à traverser la pelouse, et j'arrivai au coin du mur du château.

Là, le loup s'arrêta ; il était à cent cinquante pas à peine de la ville.

Je continuai mon chemin sans me hâter davantage ; lui, comme il avait déjà fait, s'assit sur son derrière et me regarda m'éloigner.

Quand je fus à une centaine de pas de lui, il poussa un troisième hurlement plus affamé et plus plaintif que les deux autres, et auquel répondirent d'une commune voix les cinquante chiens de la meute du duc de Bourbon.

Ce hurlement, c'était l'expression de son regret de n'avoir pu mordre quelque peu dans ma chair ; il n'y avait point à s'y tromper.

Je ne sais s'il passa la nuit où il s'était arrêté, mais à peine me sentis-je en sûreté que je partis d'une course effrénée, et que j'arrivai pâle et presque mort dans la boutique de ma mère.

Tu ne l'as pas connue, ma pauvre mère, sans quoi je n'aurais pas besoin de te dire qu'elle eut bien autrement peur à mon récit que je n'avais eu peur, moi, à l'action.

Elle me déshabilla, me fit changer de chemise, me bassina mon lit et me coucha, comme elle faisait dix ans auparavant ; puis, dans mon lit, elle m'apporta un bol de vin chaud dont l'absorption, en me montant au cerveau, doubla le remords de n'avoir pas tenté quelque vaillantise du genre de celles qui m'avaient trotté par l'esprit tout le long du chemin pour me débarrasser de mon ennemi.

Et maintenant, mon cher enfant, permets qu'en narrateur intelligent je m'arrête sur cet épisode ; je n'aurais rien de plus émouvant à te dire. D'ailleurs, la préface est aussi longue, et même plus longue qu'elle ne devrait l'être. Parmi toutes ces histoires que je t'ai racontées dix fois, choisis celle que je dois raconter au public. Mais choisis bien, tu comprends ; car, si tu choisissais mal, ce n'est plus sur moi, mais bien sur toi aussi que l'ennui retomberait.

— Eh bien ! père, raconte-nous l'histoire de CATHERINE BLUM.

— Est-ce bien celle-là que tu désires ?

— Oui, c'est une de celles que j'aime le mieux.

— Allons ! va pour celle que tu aimes le mieux !

Écoutez donc, ô mes chers lecteurs ! l'histoire de CATHERINE BLUM. C'est l'enfant à qui je n'ai rien à refuser, l'enfant aux yeux bleus, qui veut que je vous la raconte.

II

LA MAISON NEUVE DU CHEMIN DE SOISSONS.

Juste au milieu de l'espace situé entre le nord et l'est de la forêt de Villers-Cotterets, espace que nous avons négligé de parcourir, puisque nous avons commencé notre pèlerinage au château de Villers-Hellon, et que nous l'avons abandonné à la montagne de Vivières, s'étend, avec les ondulations d'un gigantesque serpent, la route de Paris à Soissons.

Cette route, après avoir déjà rencontré la forêt, qu'elle traverse dans la longueur d'un kilomètre, à Gondreville, et qu'elle écorne à la Croix-Blanche ; après avoir laissé à sa gauche le chemin de Crépy ; après avoir fléchi un instant devant les carrières de la Fontaine-Eau-Claire ; après s'être précipitée dans la vallée de Vauciennes ; après l'avoir remontée ; après avoir, d'une ligne assez droite, gagné Villers-Cotterets, qu'elle occupe par un angle obtus, sort à l'extrémité opposée de la ville, et va, à angle droit, au pied de la montagne de Dampleux, côtoyer d'un côté la forêt, et de l'autre la plaine où s'élevait autrefois cette belle abbaye de Saint-Denis, dans les ruines de laquelle j'ai si joyeusement couru étant enfant, et qui aujourd'hui, n'est plus qu'une jolie petite maison de campagne habillée de blanc, coiffée d'ardoises, parée de contrevents verts, et perdue au milieu des fleurs, des pommiers et du feuillage mouvant des trembles.

Puis elle entre résolûment dans la forêt, qu'elle occupe dans toute son épaisseur, pour n'en sortir, deux lieues et demie plus loin, qu'au relai de poste nommé Vertefeuille.

Pendant cette longue traversée, une seule maison s'élève à droite du chemin; elle a été bâtie du temps de Philippe-Egalité, pour servir de demeure à un garde chef. On l'a appelée alors la *Maison-Neuve*, et, quoiqu'il y ait à peu près soixante et dix ans qu'elle a poussé comme un champignon au pied des hêtres et des chênes gigantesques qui l'ombragent, elle a, telle qu'une vieille coquette qui se fait appeler par son nom de baptême, conservé l'appellation juvénile sous laquelle elle a d'abord été connue.

Pourquoi pas? Le Pont-Neuf, bâti en 1577, sous Henri III, par l'architecte Ducerceau, se fait bien toujours appeler le Pont-Neuf!

Revenons à la Maison-Neuve, centre des événemens rapides et simples que nous allons raconter, et faisons-la connaître au lecteur par une description détaillée.

La Maison-Neuve s'élève, en allant de Villers-Cotterets à Soissons, un peu au delà du Saut-du-Cerf, endroit où la route se resserre entre deux talus, et qui fut ainsi nommée parce que, à une chasse de monsieur le duc d'Orléans (Philippe-Egalité, toujours: Louis-Philippe, on le sait, n'était point chasseur), un cerf effaré sauta d'un talus à l'autre, c'est à dire franchit un intervalle de plus de trente pieds!

C'est en sortant de cette espèce de défilé que l'on aperçoit, à cinq cents pas en avant, à peu près, la Maison-Neuve, bâtisse à deux étages et à toit de tuiles troué par des lucarnes, avec deux fenêtres au rez-de-chaussée et deux fenêtres au premier.

Ces fenêtres, percées sur un des côtés de la maison, regardent l'occident, c'est à dire Villers-Cotterets, tandis que sa face, tournée du côté du nord, s'ouvre sur la route même par la porte qui donne entrée dans la salle du bas, et par une fenêtre qui donne jour à une chambre du haut.

La fenêtre est directement superposée à la porte.

A cet endroit, comme aux Thermopyles, où il n'y avait passage que pour deux chars, la route se réduit à la largeur de son pavé, resserrée qu'elle est, d'un côté par la maison, de l'autre par le jardin de cette même maison, qui, au lieu d'être situé, comme d'habitude, derrière la bâtisse ou sur un de ses flancs, est situé en face d'elle.

La maison a un aspect différent, selon les saisons.

Au printemps, vêtue de sa vigne verte comme d'une robe d'avril, elle se chauffe amoureusement au soleil; on dirait alors qu'elle est sortie de la forêt pour venir se coucher au bord de la route. Ses fenêtres, et surtout une des fenêtres du premier étage, sont garnies de ravenelles, d'anthémis, de cobéas et de volubilis qui leur font une tenture de verdure tout brodés de fleurs d'argent, de saphir et d'or. La fumée qui s'échappe de sa cheminée n'est qu'une vapeur bleuâtre et transparente laissant à peine sa trace dans l'atmosphère. Les deux chiens qui habitent les deux compartimens de la niche bâtie à la droite de sa porte sont sortis de leur abri de planches; l'un est couché et dort paisiblement, le museau allongé entre ses deux pattes; l'autre, qui sans doute a assez dormi pendant la nuit, est gravement assis sur son derrière, et, la face ridée, cligne des yeux au soleil. Ces deux chiens, qui appartiennent invariablement à la vénérable race des bassets à jambes torses, race qui s'honore d'avoir eu mon illustre ami Decamps pour son peintre ordinaire, sont, invariablement encore, une femelle et un mâle; la femelle s'appelle *Ravaude*, et le mâle *Barbaro*. Sur ce dernier point, cependant, c'est à dire sur celui des noms, on comprend que ce serait se montrer systématique que d'être absolu.

En été, c'est autre chose: la maison fait la sieste; elle a fermé ses paupières de bois; aucun jour n'y pénètre. Sa cheminée reste sans haleine et sans respiration; la porte seule, située au nord, demeure ouverte pour surveiller la route; les deux bassets sont ou rentrés dans leur niche, aux profondeurs de laquelle le voyageur n'aperçoit qu'une masse informe, ou étendus le long du mur, au pied duquel ils cherchent à la fois la fraîcheur de l'ombre et l'humidité de la pierre.

En automne, la vigne a rougi; la robe verte du printemps a pris des tons chauds et miroitans comme en ont le velours et le satin qui ont été portés. Les fenêtres s'entre-bâillent; mais aux ravenelles et aux anthémis, fleurs des saisons printanières, ont succédé les reines-marguerites et les chrysanthèmes. La cheminée recommence à éparpiller dans l'air de blancs flocons de fumée, et, quand on passe devant la porte, le feu qui brûle dans l'âtre, quoique à moitié voilé par la marmite où bout le pot-au-feu, et par la casserole où cuit la gibelotte, tire l'œil du voyageur.

Ravaude et Barbaro ont secoué la somnolence du mois d'avril et le sommeil du mois de juillet: ils sont pleins d'ardeur et même d'impatience; ils tirent leur chaîne, ils aboient, ils hurlent; ils sentent que l'heure de l'activité est venue pour eux, que la chasse est ouverte, et qu'il faut faire la guerre, et une guerre sérieuse, à leurs ennemis éternels, lapins, renards et même sangliers.

En hiver, l'aspect devient morne: la maison a froid, elle grelotte. Plus de robe verte ou rouge changeant; la vigne a laissé tomber ses feuilles une à une avec ce triste murmure des feuilles qui tombent; elle étend sur la muraille ses nerfs décharnés. Les fenêtres sont hermétiquement fermées; toute fleur en a disparu, et l'on n'aperçoit plus que les ficelles, détendues comme celles d'une harpe au repos, où montaient les volubilis et les cobéas absens. Une énorme colonne de fumée opaque qui s'échappe en spirale de la cheminée indique que, le bois étant un des bénéfices du garde, on ne ménage pas le bois. Quant à Ravaude et à Barbaro, on les chercherait en vain dans leur niche vide; mais, si, par hasard, la porte de la maison s'ouvre au moment où passe le voyageur, et qu'il plonge un regard curieux dans l'intérieur de la maison, il pourra les apercevoir se dessinant en vigueur sur la flamme du foyer, d'où les écarte à chaque instant le coup de pied du maître ou de la maîtresse de la maison, et où cependant ils reviennent obstinément chercher une chaleur de cinquante degrés, qui leur brûle les pattes et le museau, et qu'ils ne combattent qu'en tournant mélancoliquement la tête à droite ou à gauche, et en levant alternativement, et avec un cri plaintif, l'une ou l'autre patte.

Voilà ce qu'était et qu'est encore, moins les fleurs peut-être, qui tiennent toujours à la présence de quelque jeune fille au cœur tendre et inquiet, la maison neuve du chemin de Soissons, vue à l'extérieur.

Vue à l'intérieur, elle offrait d'abord aux rez-de-chaussée la grande salle d'entrée que nous avons entrevue, meublée d'une table, d'un buffet et de six chaises de noyer, aux murailles *ornées* de cinq ou six gravures représentant, selon les différentes périodes des gouvernemens qui se sont succédé, soit Napoléon, Joséphine, Marie-Louise, le roi de Rome, le prince Eugène et la mort de Poniatowski; soit le duc d'Angoulême, la duchesse d'Angoulême, le roi Louis XVIII, son frère Monsieur et le duc de Berry; soit enfin le roi Louis-Philippe, la reine Marie-Amélie, le duc d'Orléans et un groupe d'enfans blonds et bruns composé du duc de Nemours, du prince de Joinville, du duc d'Aumale et des princesses Louise, Clémentine et Marie.

Aujourd'hui, je ne sais plus ce qu'il y a.

Au-dessus de la cheminée, trois fusils à deux coups, accrochés, se sèchent, dans des linges graissés, de la dernière pluie ou du dernier brouillard.

Derrière la cheminée s'étend un fournil donnant sur la forêt par une petite fenêtre.

Accolée à la face orientale, rampe une cuisine ajoutée au bâtiment un jour que, la maison s'étant trouvée trop petite pour ses habitans, il fallut transformer en chambre l'ancienne cuisine.

Cette chambre qui a été cuisine, c'est ordinairement la chambre du fils de la maison,

Au premier étage, deux autres chambres : celle du maître et de la maîtresse, c'est-à-dire du garde chef et de sa femme, et celle de leur fille ou de leur nièce, s'ils ont une fille ou une nièce.

Ajoutons que cinq ou six générations de gardes se sont succédé dans cette maison, et que ce fut à sa porte, et dans cette première salle, que se passa, en 1829, le drame sanglant qui amena la mort du garde chef Choron (1).

Mais, à l'époque où s'ouvre l'histoire que nous allons raconter, c'est-à-dire dans les premiers jours de mai 1829, la Maison-Neuve était habitée par Guillaume Watrin, garde chef de la garderie de Chavigny, par Marianne-Charlotte Choron, sa femme, qu'on appelait simplement *la mère*, et par Bernard Watrin, leur fils, qui n'était connu que sous le nom de Bernard.

Une jeune fille, l'héroïne de cette histoire, nommée Catherine Blum, avait aussi habité cette maison, mais depuis dix-huit mois ne l'habitait plus.

D'ailleurs, nous dirons les causes d'absence et de présence, l'âge, l'aspect et le caractère des personnages, comme nous avons l'habitude de le faire, au fur et à mesure qu'ils entreront en scène.

Reportons-nous donc purement et simplement à l'époque que nous avons dite, à savoir au 12 mai 1829.

Il est trois heures et demie du matin; les premières lueurs du jour filtrent à travers les feuilles des arbres, encore vertes de ce vert virginal qui ne dure que quelques semaines; le moindre vent fait pleuvoir une rosée glacée qui tremble à l'extrémité des branches, et roule sur les grandes herbes comme une grêle de diamans.

Un jeune homme de vingt-trois à vingt-quatre ans, blond, aux yeux vifs et intelligens, marchant de ce pas cadencé familier aux marcheurs habitués à de longues routes, vêtu du petit uniforme des gardes, c'est-à-dire de la veste bleue avec la feuille de chêne d'argent au collet, coiffé de la casquette pareille, portant le pantalon de velours à côtes, les grandes guêtres de peau à boucles de cuivre, tenant, d'une main, son fusil sur l'épaule, et de l'autre un limier en laisse, traversait le mur du parc par une de ses brèches, et, en gardant avec soin le milieu de la route, plutôt par habitude que pour éviter la rosée, dont il était trempé comme d'une pluie, s'avançait, par la laie des fonds Houchard, vers la maison neuve du chemin de Soissons, dont il apercevait depuis bien longtemps, de l'autre côté de la route, la face occidentale, c'est-à-dire celle sur laquelle s'ouvrent les quatre fenêtres.

Au reste, arrivé à l'extrémité de la laie, il vit que porte et fenêtres étaient closes. Tout dormait encore chez les Watrin.

— Bon ! murmura le jeune homme, on se la passe douce chez le papa Guillaume!... Le père et la mère, je le conçois encore ; mais Bernard, un amoureux! Est-ce que ça doit dormir, un amoureux?

Et il traversa la route, s'approchant de la maison dans le but évident de troubler sans remords le sommeil des dormeurs.

Au bruit de ses pas, les deux chiens sortirent de leur niche, tout prêts à aboyer, et contre l'homme et contre le limier; mais, sans doute, reconnurent-ils deux amis, car leur bouche s'ouvrit démesurément, non pas pour un aboi menaçant, mais pour un bâillement amical, en même temps que leur queue balayait joyeusement le sol, au fur et à mesure que s'avançaient les deux nouveaux-venus, qui, du reste, sans appartenir positivement à la maison, ne lui paraissaient pas tout à fait étrangers.

Parvenu au seuil, le limier familiarisa avec les deux bassets, tandis que le garde, posant à terre la crosse de son fusil, cognait du poing contre la porte.

Rien ne répondit à ce premier appel.

— Ohé! père Watrin! grogna le jeune homme en frappant une seconde fois avec plus d'énergie encore que la

(1) Voir les *Mémoires* de l'auteur.

première, est-ce que vous êtes devenu sourd, par hasard?

Et il appliqua son oreille contre la porte.

— Enfin, dit-il après un instant d'attention, c'est bien heureux!

Cette phrase de satisfaction lui était arrachée par un léger bruit qu'il entendait à l'intérieur.

Ce bruit, qu'affaiblissaient la distance et surtout l'épaisseur de la porte, était celui de l'escalier, qui craquait sous les pas du vieux garde chef.

Le jeune homme avait l'oreille trop exercée pour se tromper à ce bruit et prendre le pas d'un homme de cinquante ans pour celui d'un garçon de vingt-cinq. Aussi murmura-t-il :

— Ah! c'est le père Guillaume.

Puis, tout haut :

— Bonjour, père Guillaume! cria-t-il. Ouvrez : c'est moi!

— Ah! ah! dit une voix venant de l'intérieur, c'est toi, François?

— Parbleu! qui voulez-vous que ce soit?

— On y va! on y va!

— Bon! prenez le temps de passer vos culottes... On n'est pas pressé, quoiqu'il ne fasse pas chaud... Brrrou!...

Et le jeune homme frappa alternativement de chacun de ses deux pieds contre terre, pendant que le limier s'asseyait grelottant, et tout trempé de rosée comme son maître.

En ce moment, la porte s'ouvrit, et l'on vit apparaître la tête grisonnante du vieux garde, ornée, si matin qu'il fût, d'un brûle-gueule.

Il est vrai que ce brûle-gueule n'était pas encore allumé.

Ledit brûle-gueule, qui avait commencé par être une pipe, et qui était devenu brûle-gueule par suite des accidens divers qui avaient successivement raccourci son tuyau, ne quittait les lèvres de Guillaume Watrin que le temps strictement nécessaire à son propriétaire pour en expulser la vieille cendre et y introduire le tabac frais; puis il reprenait, au côté gauche de sa bouche, entre deux dents creusées en tenailles, sa place accoutumée.

Il y avait encore un cas où le brûle-gueule fumait à la main du père Guillaume au lieu de fumer à ses lèvres : c'était le cas où son inspecteur lui faisait l'honneur insigne de lui adresser la parole.

Alors le père Guillaume tirait respectueusement son brûle-gueule de sa bouche, s'essuyait proprement les lèvres avec la manche de sa veste, passait derrière son dos la main qui tenait la pipe et répondait.

Le père Guillaume semblait avoir été élevé à l'école de Pythagore : quand il ouvrait la bouche pour faire une question, la question était toujours faite de la façon la plus brève; quand il ouvrait la bouche pour répondre à une question, la réponse était toujours faite de la façon la plus concise.

Nous avons eu tort de dire : *quand le père Guillaume ouvrait la bouche*, jamais la bouche du père Guillaume ne s'était ouverte que pour bâiller, en supposant même, ce qui n'est point probable, qu'il eût bâillé jamais.

Le reste du temps, la mâchoire du père Guillaume, habituée à maintenir entre ses dents un fragment de pipe qui souvent n'avait pas plus de six ou huit lignes de tuyau, ne se desserrait point; il en résultait un sifflement qui n'était pas sans analogie avec celui du serpent, les paroles étant obligées de s'échapper à travers l'écartement des deux mâchoires, écartement produit par l'épaisseur du tuyau de la pipe, mais qui à peine offrait un vide à pouvoir y glisser une pièce de cinq sous.

Quand la pipe avait quitté la bouche de Guillaume, soit pour donner à son maître le loisir de la vider ou la faculté de la remplir, soit pour lui permettre de répondre à quelque haut personnage, les paroles, au lieu d'être plus faciles, devenaient plus vibrantes; le sifflement, au lieu de diminuer, augmentait, et c'était tout simple : le tuyau de la pipe ne desserrant plus la mâchoire, les dents de la mâchoire supérieure pesaient sur celles de la mâchoire inférieure de tout le poids de l'habitude.

Alors, bien habile était celui qui pouvait entendre ce que disait le père Guillaume!

Ce point culminant de la physionomie du père Guillaume établi, achevons son portrait.

C'était, nous l'avons dit, un homme de cinquante ans, d'une taille un peu au-dessus de la moyenne, droit et sec, avec des cheveux rares et grisonnants, d'épais sourcils, un collier de favoris encadrant son visage, de petits yeux perçants, un long nez, une bouche railleuse et un menton pointu. Sans avoir l'air d'écouter ou de voir, il avait toujours l'œil au guet, et voyait et entendait d'une merveilleuse façon, soit ce qui se faisait chez lui, entre sa femme, son fils et sa nièce, soit ce qui se passait dans la forêt entre les perdrix, les lapins, les lièvres, les renards, les putois et les belettes, animaux qui, depuis le commencement du monde, se font des guerres aussi acharnées que, de l'an 774 à l'an 370 avant le Christ, s'en firent les Messéniens et les Spartiates!

Watrin avait mon père en vénération, et m'aimait beaucoup moi-même. Il avait conservé sous un globe le verre dans lequel avait l'habitude de boire le général Dumas quand il chassait avec lui, et dans lequel aussi dix, quinze et vingt ans après, il ne manquait jamais de me faire boire moi-même lorsque nous chassions ensemble.

Tel était l'homme qui, la pipe à la bouche, passait sa tête moqueuse par l'entrebâillement de la porte de la maison neuve du chemin de Soissons pour recevoir, à quatre heures du matin, le jeune garde qu'il avait appelé François, et qui se plaignait de n'avoir pas chaud, quoiqu'on fût, depuis un mois et vingt-sept jours, entré, au dire de Mathieu Laensberg, dans cette charmante période de l'année qui se nomme le printemps.

Voyant à qui il avait affaire, Guillaume Watrin ouvrit la porte toute grande, et le jeune homme entra.

III

MATHIEU GOGUELUE.

François marcha droit à la cheminée, déposa son fusil dans l'angle, tandis que le limier, qui répondait au nom caractéristique de *Louchonneau*, allait s'asseoir sans façon sur les cendres encore tièdes de la chaleur de la veille.

Ce qui avait fait donner au limier le nom de Louchonneau, c'était un bouquet de poils roux, espèce de grain de beauté qui lui était poussé à l'angle de la paupière, et qui le faisait, non pas continuellement, mais de temps en temps loucher en lui tirant l'œil.

Louchonneau avait, à trois lieues à la ronde, la réputation d'être le meilleur limier de Villers-Cotterets.

Quoique bien jeune encore pour avoir marqué dans le grand art de la vénerie, François, de son côté, était regardé comme un des plus habiles suiveurs de piste des environs.

Quand il y avait quelque coup à reconnaître, quelque sanglier à détourner, c'était toujours François qui était chargé de cette méticuleuse besogne.

Pour lui, la forêt, si sombre qu'elle fût, n'avait point de mystères : un brin d'herbe brisé, une feuille retournée, une touffe de poils accrochée à un buisson d'épines, lui révélaient, de la première à la dernière scène, tout un drame nocturne qui croyait n'avoir eu d'autre théâtre que le gazon, d'autres témoins que les arbres, d'autres flambeaux que les étoiles.

Comme c'était le dimanche suivant qu'avait lieu la fête de Corcy, les gardes des garderies environnant ce charmant village avaient reçu de l'inspecteur, M. Deviolaine, l'autorisation de tuer un sanglier à cette occasion. Ce san-

glier, pour qu'on fût bien sûr qu'il n'échapperait point et ne ferait point faire aux chasseurs ce qu'en terme de vénerie on appelle *buisson creux*, c'était François qui avait été chargé de le détourner.

Il venait d'accomplir cette besogne avec sa conscience ordinaire, quand nous l'avons rencontré dans la laie des fonds Houchard, suivi jusqu'à la porte du père Guillaume, et entendu dire à celui-ci en battant la semelle :

— Prenez le temps de passer vos culottes... on n'est pas pressé, quoiqu'il ne fasse pas chaud !... Brrrou !...

— Comment! répondit le père Guillaume quand François eut déposé son fusil dans la cheminée et que Louchonneau se fut assis le derrière sur les cendres, pas chaud, au mois de mai?... Qu'aurais-tu donc chanté si tu avais fait la campagne de Russie, frileux?

— Un instant! quand je dis : *Pas chaud*, vous comprenez bien, père Guillaume, c'est une manière de parler... Je dis : Pas chaud, la nuit!... Les nuits, vous avez dû remarquer cela, vous, les nuits, ça ne va pas si vite que les jours, probablement parce que ça ne voit pas clair : le jour, on est en mai; la nuit, on est en février... Je ne m'en dédis donc pas, il ne fait point chaud! Brrrou!

Guillaume s'interrompit de battre le briquet, et, regardant François du coin de l'œil et à la manière de Louchonneau :

— Eh! garçon, fit-il, veux-tu que je te dise une chose?

— Dites, père Guillaume, répondit François, regardant de son côté le vieux garde chef avec cet air gouailleur si particulier au paysan picard et à son voisin le paysan de l'Ile-de-France; dites, père Guillaume! vous parlez si bien quand vous consentez à parler!

— Eh bien! tu fais l'âne pour avoir du son!

— Je ne comprends pas.

— Tu ne comprends pas?

— Non, parole d'honneur!

— Oui, tu dis que tu as froid pour que je t'offre la goutte!

— En vérité Dieu! non, je n'y pensais pas... Ça ne veut pas dire, entendez-vous bien, que, si vous me l'offriez, je la refuserais... non! oh! non, père Guillaume! je sais trop pour cela le respect que je vous dois!

Et il resta la tête inclinée, continuant de regarder le père Guillaume avec son œil narquois.

Guillaume, sans répondre autre chose qu'un *hum!* qui indiquait ses doutes à l'égard du désintéressement et du respect de François, remit en contact son briquet avec sa pierre; au troisième coup, l'amadou prit feu en pétillant. Guillaume, d'un doigt qui paraissait complètement insensible à la chaleur, appuya l'amadou sur l'orifice de sa pipe bourrée de tabac, et commença d'aspirer la fumée, qu'il rejeta d'abord en vapeur imperceptible, puis bientôt en flocons qui allèrent s'épaississant de plus en plus jusqu'à ce que, jugeant sa pipe suffisamment allumée et ne craignant plus de la voir s'éteindre, il rendit à ses aspirations leur calme et leur régularité ordinaires.

Pendant tout le temps qu'il avait été employé à cette grave besogne, la figure du digne garde chef n'avait rien exprimé qu'une préoccupation sincère et concentrée; mais, une fois l'opération menée à bien, le sourire reparut sur son visage, et, s'avançant vers le buffet, d'où il tira une bouteille et deux verres :

— Eh bien! soit, dit-il, nous allons d'abord dire un mot au flacon de cognac, puis nous parlerons de nos petites affaires.

— Un mot! est-il chiche de sa conversation, le père Guillaume!

Comme pour donner un démenti à François, le père Guillaume emplit les deux verres bord à bord; puis, approchant le sien de celui du jeune homme, et le choquant doucement :

— A ta santé! dit-il.

— A la vôtre! à celle de votre femme! et que le bon Dieu lui fasse la grâce d'être moins entêtée!

— Bon ! dit le père Guillaume avec une grimace qui avait l'intention d'être un sourire.

Et, prenant de la main gauche son brûle-gueule, qu'il fit passer, selon son habitude, derrière son dos, il porta de la main droite son verre à sa bouche, et le vida d'un seul trait.

— Mais attendez donc! dit en riant François, je n'ai pas fini, et nous allons être obligé de recommencer... A celle de monsieur Bernard, votre fils !...

Et il avala à son tour le petit verre, mais en le savourant avec plus de délicatesse et de volupté que n'avait fait le vieux garde.

Mais, à la dernière goutte, frappant du pied comme au désespoir.

— Bon ! dit-il, voilà que j'ai oublié quelqu'un !

— Et qui donc as-tu oublié ? demanda Guillaume en tirant avec véhémence deux bouffées de fumée de sa pipe, qui, pendant le voyage qu'elle avait fait, avait failli s'éteindre.

— Qui j'ai oublié ? s'écria François ; eh parbleu ! mademoiselle Catherine, votre nièce !... Ah ! voilà qui n'est pas bien, d'oublier les absens !... mais c'est que le verre est vide, tenez, père Guillaume !

Et, versant la dernière goutte du limpide alcool sur l'ongle de son pouce :

— Tenez, dit-il, topaze sur l'ongle !

Guillaume fit une grimace qui signifiait : « Farceur, je connais ton plan, mais, en faveur de l'intention, je l'excuse ! »

Le père Guillaume parlait peu, comme nous l'avons dit, mais, en revanche, il avait poussé à son plus haut degré la science de la pantomime.

Sa grimace faite, il prit la bouteille, et versa de telle façon que le verre déborda dans la soucoupe.

— Tiens ! dit-il.

— Oh ! oh ! reprit François, il n'a pas lésiné cette fois-ci, le père Guillaume ! On voit bien qu'il l'aime, sa jolie petite nièce !

Puis, portant le verre à ses lèvres avec un enthousiasme dont la jeune fille et la liqueur pouvaient chacune réclamer leur part :

— Eh ! qui ne l'aimerait pas, dit-il, cette chère demoiselle Catherine ? c'est comme le cognac !

Et, cette fois, suivant l'exemple que lui avait donné le père Guillaume, il vida le verre d'un seul trait.

Le vieux garde accomplit le même mouvement et la même action avec une régularité toute militaire ; seulement chacun exprima d'une façon différente la satisfaction que lui causait la liqueur en traversant le thorax :

— Hum! fit l'un.

— Houch! fit l'autre.

— Est-ce que tu as encore froid ? demanda le père Guillaume.

— Non, dit François, au contraire, j'ai chaud !

— Eh bien ! alors, ça va mieux ?

— Ma foi oui, me voilà au beau fixe, comme votre baromètre, saperlotte !

— En ce cas, dit le père Guillaume abordant la question que ni l'un ni l'autre n'avait encore effleurée, nous allons un petit peu parler du sanglier.

— Oh ! le sanglier, fit François en clignant de l'œil, cette fois-ci, je crois que nous le tenons, père Guillaume !

— Oui, comme la dernière fois ! dit une voix aigre et railleuse qui, grinçant tout à coup derrière les deux gardes, les fit tressaillir.

Tous deux se retournèrent en même temps et d'un seul mouvement, quoiqu'ils eussent parfaitement reconnu l'individu auquel appartenait cette voix.

Mais celui-ci, avec les habitudes d'un familier de la maison, passa derrière les deux gardes, se contentant d'ajouter aux quelques paroles qu'il avait dites :

— Bonjour, père Guillaume, et votre compagnie.

Et il alla s'asseoir vers la cheminée, qu'il aviva en jetant sur les cendres une fraction de fagot qui prit feu en pétillant au contact de la première allumette qu'il en approcha.

Puis, tirant de la poche de sa veste trois ou quatre pommes de terre, il les enfonça côte à côte dans la cendre, qu'il ramena dessus avec une précaution toute gastronomique.

Celui qui venait d'arriver juste à temps pour interrompre, dès la première phrase, le récit qu'allait commencer François, mérite, par le rôle qu'il va jouer dans cette histoire, que nous tentions d'esquisser son portrait physique et moral.

C'était un garçon de vingt à vingt-deux ans, aux cheveux roux et plats, au front abaissé, aux yeux louches, au nez camard, à la bouche avancée, au menton fuyant, à la barbe rare et sale. Son cou, mal caché par le col déchiré de la chemise, laissait voir cette espèce de loupe si commune dans le Valais, mais, par bonheur, si rare chez nous, qu'on appelle un goître. Ses bras, gauchement attachés, semblaient démesurément longs, et donnaient à sa marche traînante et en quelque sorte endormie l'allure familière à ces grands singes que monsieur Geoffroy Saint-Hilaire, le grand classificateur, a désignés, je crois, sous le nom de chimpanzés. Accroupi sur ses talons ou assis sur un tabouret, la ressemblance de l'homme manqué avec le singe accompli devenait encore plus frappante : car, alors, comme font ces caricatures du bipède humain, il pouvait, à l'aide de ses mains ou de ses pieds, ramasser à terre ou attirer à lui, et cela, presque sans mouvement de son torse, aussi mal moulé que le reste de son individu, les différens objets dont il avait besoin. Enfin, toute cette disgracieuse personne était supportée par des pieds qui eussent pu rivaliser, en grandeur et en largeur, avec ceux de Charlemagne, et qui, à défaut du nom, eussent pu donner l'étalon de cette mesure que, d'après et depuis l'illustre chef de la race carlovingienne, on a appelée un *pied de roi*.

Quant au moral, la part de faveurs que la nature avait départie au pauvre diable était encore plus restreinte qu'au physique. Tout au contraire de ces vilains et sales fourreaux qui parfois renferment une belle et bonne rapière, le corps de Mathieu Goguelue, c'était le nom du personnage dont nous nous occupons, le corps de Mathieu Goguelue renfermait une méchante âme. Etait-il naturellement ainsi, ou avait-il essayé de faire souffrir les autres parce que les autres le faisaient souffrir ? C'est ce que nous laissons à débattre et à résoudre à plus savant que nous touchant cette philosophique matière de la réaction du physique sur le moral. Tant il y avait, au moins, que tout être plus faible que Mathieu jetait un cri du moment où Mathieu le touchait : l'oiseau, parce qu'il lui arrachait ses plumes ; le chien, parce qu'il lui marchait sur la patte ; l'enfant, parce qu'il lui tirait les cheveux. En échange, avec les forts, Mathieu, sans cesser d'être railleur, était humble ; en recevait-il une insulte, un outrage, un coup, si vive que fût l'insulte, si grave que fût l'outrage, si violent que fût le coup, si poignante que fût la douleur morale ou physique, le visage de Mathieu continuait à sourire de son sourire hébété ; mais, injure, outrage, coup, s'enregistraient au fond du cœur de Mathieu en lettres indélébiles : un jour ou l'autre, sans que l'on pût deviner d'où le mal venait, le mal était rendu au centuple, et Mathieu avait, au plus profond de son for intérieur, un moment de sombre et sinistre joie qui souvent lui faisait dire en lui-même qu'il était heureux du mal qu'on lui avait fait, par la satisfaction que lui causait le mal qu'il avait rendu.

Au reste, il faut l'avouer à la décharge de sa mauvaise nature, sa vie avait toujours été précaire et douloureuse. Un jour, on l'avait vu sortir d'une espèce de ravin, où, sans doute, l'avaient abandonné ces espèces de bohémiens rôdeurs qui traversent les grandes forêts. Il avait trois ans ; il était à moitié nu ; à peine parlait-il. Le paysan qui l'avait rencontré se nommait Mathieu ; le ravin d'où il sortait se nommait le fond Goguelue ; l'enfant fut appelé Mathieu Goguelue. De baptême, il n'en fut jamais question ;

Mathieu n'avait pas pu dire s'il était ou non baptisé. D'ailleurs, ou se serait occupé de l'âme, quand le corps était dans une si misérable position qu'il ne pouvait vivre que par l'aumône et la maraude?

C'était ainsi qu'il était arrivé à l'âge d'homme. Quoique mal bâti et laid, Mathieu était vigoureux; quoique hébété en apparence, Mathieu était fin et rusé. S'il fût né dans l'Océanie, sur les rives du Sénégal ou dans les mers du Japon, les sauvages eussent pu dire de lui ce qu'ils disent des singes : « Ils ne parlent pas de peur qu'on ne les prenne pour des hommes, et qu'on ne les fasse travailler! »

Mathieu feignait d'être faible; Mathieu feignait d'être idiot; mais si une occasion se présentait pour lui où il fût obligé de déployer sa vigueur, ou de faire preuve de son intelligence, Mathieu alors montrait, ou la force brutale de l'ours, ou la ruse profonde du renard; et, une fois le danger passé ou le désir satisfait, Mathieu redevenait Mathieu, le Mathieu de tout le monde, le Mathieu connu, raillé, impotent, idiot.

L'abbé Grégoire, cet excellent homme dont j'ai parlé dans mes *Mémoires*, et qui est appelé à jouer un rôle dans ce livre, avait eu pitié de cette pauvre organisation cérébrale : se reconnaissant le tuteur né du misérable orphelin, il avait voulu le faire avancer d'un degré dans la chaîne des êtres, et de cette espèce de polype faire un animal; en conséquence, pendant un an, il s'était tué le corps et damné l'âme pour lui apprendre à lire et à écrire. Au bout d'un an, Mathieu était sorti des mains du digne prêtre avec la réputation d'un âne bâté et archibâté. L'opinion commune, c'est-à-dire celle des condisciples de Mathieu, l'opinion particulière, c'est-à-dire celle du maître, était que Mathieu ne connaissait pas un O, et ne savait pas faire un I; mais condisciples et précepteur se trompaient; opinion commune et opinion particulière étaient en défaut. Mathieu ne lisait point comme monsieur de Fontanes, qui passait pour le meilleur lecteur de son époque, mais Mathieu lisait et même assez couramment. Mathieu n'écrivait pas comme monsieur Prudhomme, élève de Brard et de Saint-Omer, mais Mathieu écrivait, et même assez lisiblement. Seulement, personne n'avait jamais vu Mathieu lisant ni écrivant.

De son côté, le père Guillaume avait essayé de tirer Mathieu de son abrutissement physique, par le même sentiment qui avait poussé l'abbé Grégoire à le tirer de son abrutissement moral, c'est-à-dire par cette douce miséricorde pour son semblable et cet instinct de dignité pour soi-même qui existent dans tous les bons cœurs. Il avait remarqué dans Mathieu une certaine aptitude à imiter le chant des oiseaux, à contrefaire le cri des animaux sauvages, à suivre une piste; il avait reconnu qu'avec son œil louche, Mathieu voyait parfaitement un lapin ou un lièvre au gîte; il s'était aperçu plus d'une fois qu'il lui manquait de la poudre dans sa poire et du plomb dans son sac, et il en avait auguré que, comme il n'est pas absolument nécessaire d'être taillé sur le modèle de l'Apollon ou sur celui de l'Antinoüs pour faire un bon garde, peut-être arriverait-il à utiliser les dispositions de Mathieu, et à faire de lui un garde-adjoint passable. Dans ce but, il avait parlé de Mathieu à monsieur Devioliane, lequel avait autorisé le père Guillaume à mettre un fusil aux mains de son protégé. Le fusil avait donc été mis aux mains de Mathieu, mais, au bout de six mois d'exercice dans son nouvel apprentissage, Mathieu avait tué deux chiens et blessé un rabatteur, sans jamais avoir touché une pièce de gibier. Alors le père Guillaume, convaincu que Mathieu avait tous les instincts du braconnier! mais ne possédait aucune des qualités du garde, lui avait repris le fusil dont il faisait un si maladroit usage, et Mathieu, insensible à cet affront, qui lui fermait cependant la brillante perspective qui, un instant, lui avait été ouverte, et qui eût ébloui des yeux moins insouciants ou moins philosophes que les siens, avait repris, sans vergogne, sa vie de vagabondage et de maraude.

Dans cette existence errante, la maison neuve du chemin de Soissons et le foyer du père Guillaume étaient une de ses haltes de prédilection, malgré la haine ou plutôt le dégoût instinctif que lui portaient la mère Madeleine, trop bonne ménagère pour ne pas voir le tort que faisait à son jardin et à son garde-manger la présence de Mathieu Goguelue, et Bernard, le fils de la maison, que nous ne connaissons encore que par le toast porté en son honneur par François, et qui semblait deviner la fatale influence que cet hôte vagabond de son foyer devait un jour avoir sur sa destinée.

Au reste, nous avons oublié de dire que, de même que tout le monde ignorait les progrès cachés que Mathieu avait faits, chez le bon abbé Grégoire, dans la lecture de l'écriture, tout le monde ignorait aussi que cette maladresse fût feinte, et que, lorsque Mathieu le voulait bien, il envoyait sa charge de plomb à un perdreau et sa balle à un sanglier avec autant de justesse qu'aucun des tireurs de la forêt.

Maintenant, pourquoi Mathieu dérobait-il ses talens aux regards de ses compagnons et à l'admiration du public? C'est que Mathieu avait pensé qu'il pouvait lui être, non-seulement utile de savoir lire, écrire et tirer un coup de fusil, mais peut-être encore plus utile, dans un cas donné, qu'on le crût maladroit et illettré.

Comme on le voit, c'était donc un vilain et méchant garçon que celui qui, entrant juste au moment où François commençait son récit, avait interrompu ce récit par ces paroles dubitatives, lancées à propos du sanglier que le jeune garde croyait déjà tenir :

— Oui, comme la dernière fois!

— Oh! la dernière fois, répliqua François, suffit! Nous allons en causer tout à l'heure.

— Et où est-il le sanglier? demanda le père Guillaume, auquel la nécessité d'introduire une nouvelle charge dans sa pipe laissait momentanément la langue libre.

— Il est dans le saloir, puisque François le tient, dit Mathieu.

— Non, pas encore, répondit François, mais avant que le coucou de la mère sonne sept heures, il y sera! N'est-ce pas Louchonneau?

Le chien, que la flamme ranimée par Mathieu plongeait dans une béatitude visible, se retourna à l'appel de son maître, et fit, en balayant la cendre du foyer avec sa longue queue, entendre un petit grognement amical qui semblait répondre affirmativement à la question que celui-ci venait de lui adresser.

Satisfait de la réponse de Louchonneau, François détourna les yeux de Mathieu Goguelue, avec un dégoût qu'il ne se donna pas même la peine de dissimuler, et reprit sa conversation avec le père Guillaume, qui, heureux d'avoir une pipe fraîche à consommer ou plutôt à consumer, s'apprêta à écouter son jeune compagnon avec complaisance et sérénité.

— Je disais donc ça, père Guillaume, reprit François, que l'animal est à un petit quart de lieue d'ici, dans le fourré des Têtes de Salmon, près du champ Meutart... Le farceur est parti, sur les deux heures et demie du matin, du taillis du chemin de Dampleux...

— Bon! interrompit Goguelue, comment sais-tu ça, toi, puisque tu n'es parti qu'à trois heures?

— Ah! dites donc, père Guillaume, en voilà une sévère! il demande comment je sais ça, lui!... Je vais te le raconter, Louchonneau, mon ami, ça pourra te servir un jour.

François avait une mauvaise habitude qui blessait fort Mathieu : c'était d'appliquer indistinctement le nom de Louchonneau à l'homme et à l'animal, se fondant sur ce que, atteints tous les deux de la même infirmité, — quoique, à son avis, le limier louchât d'une façon bien autrement coquette que l'homme, — le même nom pouvait servir à désigner le bipède et le quadrupède.

La chose paraissait, à première vue, être aussi indifférente à l'un qu'à l'autre; mais, dans la manifestation de

2

cette indifférence, nous devons dire que le chien seul était sincère.

François continua donc, ne se doutant point qu'il venait d'augmenter d'un nouveau grief la somme des vieilles rancunes qui aigrissaient contre lui le cœur de Mathieu Goguelue.

— A quelle heure tombe la rosée? dit le jeune garde. A trois heures du matin, n'est-ce pas? Eh bien! s'il était parti après la rosée tombée, il aurait foulé la terre humide, et il n'y aurait pas d'eau dans les creux de sa trace, tandis que, au contraire, il a foulé la terre sèche : la rosée est tombée ensuite, et elle a fait des abreuvoirs à rouges-gorges tout le long de sa route; voilà!

— Quel âge a la bête? demanda Guillaume, jugeant ou que l'observation de Mathieu n'avait qu'une médiocre importance, ou que, d'après l'explication de François, Mathieu devait être suffisamment édifié.

— Six ou sept ans, répondit sans hésitation François; ragot fini !

— Allons, bien! dit Mathieu, voilà qu'il lui a montré son acte de naissance, à présent!

— Un peu, et signé de sa griffe... Tout le monde n'en pourrait peut-être pas faire autant!... et, à moins qu'il n'ait des motifs de cacher son âge, je réponds que je ne me trompe pas de trois mois. N'est-ce pas, Louchonneau? Tenez, voyez-vous, père Guillaume, Louchonneau dit que je ne fais pas erreur!

— Est-il seul? demanda le père Guillaume.

— Non, il est avec sa laie, qui est pleine...

— Ah! ah!

— Tout près de mettre bas.

— Tu as donc été accoucheur de sangliers, toi? demanda Mathieu, ne pouvant prendre sur lui de laisser François continuer tranquillement son récit.

— Oh! là belle malice!... Dites donc, père Guillaume, un gaillard qui a été trouvé au milieu d'une forêt, il ne sait pas quand une laie est pleine ou quand elle ne l'est pas! Mais qu'as-tu donc appris à l'école, toi?... Puisqu'elle marche gras, imbécile! puisque sa pince s'écarte en marchant, que l'on dirait qu'elle va se fendre, c'est qu'elle a le ventre lourd, cette pauvre bête!

— Est-ce un animal nouveau? reprit le père Guillaume tenant à savoir si le nombre des sangliers de sa garderie augmentait, diminuait ou restait dans le même état.

— Elle, la laie, oui ! répondit François avec sa certitude ordinaire ; lui, non!... Elle, je ne l'ai jamais vu sa passée; mais lui, connu! C'est comment je vous disais tout à l'heure, quand ce Goguelue de malheur est entré, que j'allais revenir à mon sanglier de l'autre fois... Lui, c'est le même à qui j'ai envoyé, il y a quinze jours, une balle dans l'épaule gauche, du côté du taillis d'Yvors.

— Et qui te fait croire que c'est le même?

— Oh ! l faut vous dire ça, à vous! vieux limier, qui rendriez des points à Louchonneau?... Dis donc, Louchonneau, le père Guillaume qui demande... bon! Je savais bien que je l'avais touché moi; seulement, au lieu de lui mettre la balle au défaut de l'épaule, je la lui ai mise dans l'épaule même.

— Hum! dit le père Guillaume secouant la tête, il n'a pas fait sang.

— Eh! non, parce que la balle est restée entre cuir et chair, dans le lard... Aujourd'hui, la blessure, voyez-vous, est en train de guérir; ça le démange, et, de sorte qu'il s'est frotté contre le troisième chêne à gauche du puits des Sarrazins... Il s'est frotté, il s'est frotté, au point qu'il en est resté un bouquet de poils à l'écorce de l'arbre. Voyez plutôt!

Et François tira de la poche de son gilet un bouquet de poils qui, humide de vieux sang caillé, venait à l'appui de son assertion.

Guillaume le prit, jeta dessus un coup d'œil de connaisseur, et, rendant à François le bouquet de poils, comme si c'eût été la chose la plus précieuse du monde :

— Ma foi! oui, il y est tout de même, garçon, dit-il, et, maintenant, c'est comme si je le voyais.

— Ah! vous le verrez encore bien mieux quand nous allons lui avoir donné son compte!

— Tu m'en fais venir l'eau à la bouche! J'ai envie d'aller, en flânant, faire un tour de ce côté-là.

— Oh! allez! je suis tranquille, vous trouverez tout comme j'ai dit... Quant à lui, il a son repaire dans le grand roncier des Têtes de Salmon... Ne faites pas de façons pour monsieur; approchez tant que vous voudrez, monsieur ne bougera point; son épouse est souffrante et monsieur est galant.

— Eh bien! j'y vas tout de même, dit le père Guillaume avec un geste de résolution qui lui fit serrer les dents, et qui raccourcit encore le tuyau du brûle-gueule, déjà un peu court de plus de trois centimètres.

— Voulez-vous Louchonneau?

— Pourquoi faire!

— C'est vrai, vous avez des yeux : vous regarderez et vous verrez, vous chercherez et vous trouverez... Quant à l'homonyme de maître Mathieu, on va le remettre à la niche, après lui avoir fait le don patriotique d'un chiffon de pain, attendu qu'il a travaillé ce matin comme un amour!

— Eh! Mathieu, dit le père Guillaume regardant avec tristesse le vagabond, qui mangeait tranquillement ses pommes de terre au coin du feu, tu entends? un écureuil, il me dira sur quel chêne il a monté; une belette, où elle a traversé la route! voilà ce que tu ne sauras jamais, toi !

— Et ce que je ne m'inquiète pas de savoir ou de ne pas savoir! A quoi diable voulez-vous que ça me serve?

Guillaume haussa les épaules à cette insouciance de Mathieu, inexplicable pour un vieux garde; puis il passa sa veste du matin, boucla ses demi-guêtres, prit son fusil par habitude et parce qu'il n'aurait su que faire de son bras droit s'il n'avait pas eu son fusil, donna une amicale poignée de main à François, et partit.

Quant à celui-ci, fidèle à la promesse qu'il venait de faire à Louchonneau, tout en suivant de l'œil le père Guillaume, qui prenait la route des Têtes du Salmon, il alla droit à la huche, l'ouvrit, et coupa un morceau de pain noir d'une demi-livre en murmurant :

— Oh! le vieux limier! pendant que je faisais mon rapport, les pieds lui en démangeaient! Allons! Louchonneau, mon ami, voici un joli croûton! Maintenant que nous avons bien travaillé, allons à la niche, et gaîment!

Et, sortant à son tour, mais par la porte du fournil, aux parois extérieures duquel était adossée la niche de maître Louchonneau, il disparut suivi de celui-ci, — pour qui le croûton de pain adoucissait ce que ce retour à la niche avait de désagréable, — et laissant, sans s'inquiéter davantage de lui, Mathieu Goguelue seul avec ses pommes de terre.

IV

L'OISEAU DE MAUVAIS AUGURE.

A peine François fut-il hors de sa vue, que Mathieu releva la tête, et qu'une expression d'intelligence dont on eût cru sa lourde physionomie incapable passa comme un éclair sur son visage.

Puis il écouta le bruit des pas du jeune garde qui s'éloignait, le bruit de sa voix qui allait s'affaiblissant, et, sur la pointe du pied, il s'avança vers la bouteille d'eau-de-vie, regardant, grâce à ses yeux louches, d'un côté, la porte par laquelle était sorti le père Guillaume, de l'autre, celle par laquelle venait de disparaître François.

Alors, soulevant la bouteille, et la plaçant dans le rayon

de jour qui traversait la maison comme une flèche d'or, afin de voir ce qui manquait de liquide, et ce qu'il en pouvait, par conséquent, absorber, sans trop d'inconvénient :

— Ah ! le vieux cancre ! dit-il ; quand on pense qu'il ne m'en a pas offert !

Et, pour réparer l'oubli du père Guillaume, Mathieu approcha de ses lèvres le goulot de la bouteille et avala rapidement trois ou quatre gorgées du breuvage de flamme, comme si c'eût été la boisson la plus anodine, et cela, sans même faire entendre ni le *hum !* du père Guillaume, ni le *houch !* de François.

Puis, comme les pas de celui-ci se rapprochaient de la chambre, le vagabond alla, de sa même allure rapide et muette, reprendre sa place sur l'escabeau, au coin de la cheminée, attaquant, avec un air d'innocence qui eût trompé François lui-même, une chanson, dont le régiment des dragons de la reine, longtemps caserné au château de Villers-Cotterets, avait laissé la tradition dans la ville.

Mathieu en était au second couplet de sa chanson quand François reparut sur le seuil du fournil.

Sans doute, pour témoigner du peu d'intérêt que lui causait la présence ou l'absence de François, Mathieu Goguelue allait-il continuer l'interminable romance, et aborder le second couplet ; mais François, s'arrêtant devant lui :

— Allons ! dit-il, voilà que tu chantes, maintenant !

— Est-il défendu de chanter ? demanda Mathieu. Alors, que monsieur le maire fasse publier la chose à son de trompe, et l'on ne chantera plus.

— Non, répondit François, ça n'est pas défendu, mais ça va me porter malheur !

— Et pourquoi ça ?

— Parce que, quand le premier oiseau que j'entends chanter le matin est une chouette, je dis : « Mauvaise affaire. »

— C'est-à-dire, alors, que je suis une chouette ?.... Allons ! va pour la chouette.... Je suis tout ce qu'on veut, moi !....

Et, rapprochant ses deux mains l'une de l'autre, après avoir pris l'indispensable précaution de cracher dedans, Mathieu Goguelue fit entendre un cri qui imitait à s'y tromper le chant triste et monotone de l'oiseau de nuit.

François lui-même en tressaillit.

— Veux-tu te taire, oiseau de mauvais augure ! lui dit-il.

— Me taire ?

— Oui.

— Et si j'ai quelque chose à te chanter, moi, que diras-tu ?

— Je dirai que je n'ai pas le temps de t'écouter.... Tiens, fais-moi plutôt un plaisir.

— A toi ?

— Oui, à moi.... Supposes-tu donc que tu ne puisses faire plaisir à personne, ou rendre service à qui que ce soit ?

— Si fait !... que demandes-tu ?

— Que tu tiennes mon fusil devant le feu, pour qu'il sèche, pendant que je vais changer de guêtres.

— Oh ! changer de guêtres ! Voyez donc monsieur François qui a peur de s'enrhumer.

— Je n'ai pas peur de m'enrhumer, mais je vas mettre les guêtres d'ordonnance, attendu que l'inspecteur peut venir à la chasse, et que je veux qu'il me voie au complet comme habituellement.... Eh bien ! ça ne te va pas, de faire sécher mon fusil ?

— Ni le tien ni un autre.... Je veux qu'on m'écrase la tête entre deux pierres, comme à une bête puante, si, à partir d'aujourd'hui jusqu'au jour où l'on me portera en terre, j'en touche jamais un, de fusil !

— Eh bien ! je dis qu'il n'y aura pas de perte, pour la façon dont tu t'en sers, dit François ouvrant une espèce de soupente dans laquelle était enfermée une collection de guêtres de tout genre, et cherchant ses guêtres au milieu de celles de la famille Watrin.

Mathieu le suivit de son œil gauche, tandis que son œil droit semblait s'occuper exclusivement de la dernière pomme de terre, qu'il épluchait avec lenteur et maladresse; puis il grommela, tout en le suivant de l'œil.

— Tiens ! et pourquoi donc m'en servirai-je mieux que cela, d'un fusil, quand je m'en sers pour les autres ?.... Que l'occasion se présente de m'en servir pour mon compte, et tu verras si je suis plus manchot que toi !

— Et que toucheras-tu, si tu ne touches pas un fusil ? demanda François, le pied sur une chaise, et commençant à boucler ses longues guêtres.

— Je toucherai mes gages donc ! Monsieur Watrin m'avait proposé de me faire recevoir garde surnuméraire, mais, comme il faut servir gratis un an, deux ans et quelquefois même trois Son Altesse, merci, j'y renonce.... J'aime mieux entrer domestique chez monsieur le maire.

— Comment ! domestique chez monsieur le maire ? domestique chez monsieur Raisin, le marchand de bois?

— Chez monsieur Raisin, le marchand de bois, ou chez monsieur le maire, c'est tout un.

— Bon ! dit François, tout en bouclant ses guêtres, et avec un mouvement d'épaules qui indiquait le mépris qu'il faisait d'un domestique.

— Ça te fâche ?

— Moi ? répondit François, ça m'est bien égal ! Je me demande seulement, dans tout ça, ce que devient le vieux Pierre.

— Dame ! fit insoucieusement Mathieu, apparemment qu'il s'en va.

— Il s'en va ? répéta François avec une nuance d'intérêt pour le vieux serviteur dont il était question.

— Sans doute ! puisque je prends sa place, il faut bien qu'il s'en aille, continua Mathieu.

— Mais impossible ! reprit François ; il est dans la maison Raisin depuis vingt ans !

— Raison de plus, alors, pour que ce soit le tour d'un autre, dit Mathieu avec son méchant sourire.

— Tiens, tu es un vilain garçon, Louchonneau ! s'écria François.

— D'abord, répondit Mathieu de cet air niais qu'il savait prendre, je ne m'appelle pas Louchonneau ; c'est le chien que tu viens de reconduire à sa niche qu'on appelle Louchonneau, et non pas moi.

— Oui, tu as raison, dit François ; et quand il a su qu'on te donnait quelquefois, par hasard, le même nom qu'à lui, il a réclamé, pauvre bête ! en disant qu'il serait incapable, lui qui est le limier du père Watrin, d'aller réclamer la place du limier de monsieur Deviolaine, quoique la maison d'un inspecteur soit naturellement meilleure que celle d'un garde chef ; et, depuis ta réclamation, tu louches toujours, c'est vrai, mais on ne t'appelle plus Louchonneau.

— Voyez-vous cela ! si bien que je suis un vilain garçon, à ton avis, hein, François ?

— Oh ! à mon avis et à celui de tout le monde !

— Et pourquoi donc ça ?

— N'as-tu pas de honte de prendre le pain de la bouche à un pauvre vieux comme Pierre ? Que va-t-il devenir sans place ! Il va être obligé de mendier pour sa femme et ses deux enfants.

— Eh bien ! tu lui feras une pension sur les cinq cents livres que tu touches par an de l'administration comme garde adjoint.

— Je ne lui ferai pas une pension, répondit François, parce que, avec ces cinq cents francs-là, je nourris ma mère, et que, la pauvre bonne femme, elle avant tout ! mais il trouvera toujours à la maison, quand il voudra y venir, une assiettée de soupe à l'ognon et un morceau de gibelotte de lapin, l'ordinaire du garde.... Domestique chez monsieur le maire ! continua François, qui avait achevé de boucler sa seconde guêtre ; comme ça te ressemble de te faire domestique !

— Bah ! livrée pour livrée, dit Mathieu, j'aime mieux celle qui a de l'argent dans le gousset que celle qui a les poches vides.

— Eh ! un instant, l'ami ! s'écria François.

Puis se reprenant :

— Non, dit-il, je me trompe, tu n'es pas mon ami.... Notre habit n'est point une livrée : c'est un uniforme.

— Qu'il y ait une feuille de chêne brodée au collet, ou un galon cousu à la manche, cela se ressemble diablement ! fit Mathieu avec un mouvement de tête qui établissait par le geste en même temps que par la parole le peu de différence qu'il faisait de l'une à l'autre.

— Oui, reprit François, qui ne voulait pas que son interlocuteur eût le dernier ; seulement, avec la feuille de chêne au collet, on travaille, n'est-ce pas ? tandis que, avec le galon à la manche, on se repose.... C'est ce qui t'a fait donner la préférence au galon sur la feuille de chêne, dis, fainéant ?

— C'est encore possible, répondit Mathieu.

Puis, passant tout à coup d'une idée à une autre, comme si cette idée se présentait subitement à son esprit.

— A propos, reprit-il, on dit que Catherine revient aujourd'hui de Paris....

— Qu'est-ce que c'est que ça, Catherine ? demanda François.

— Eh bien ! mais, dit Mathieu, Catherine, c'est Catherine, quoi ! la nièce du père Guillaume, la cousine de monsieur Bernard, qui a fini son apprentissage de lingère et de faiseuse de modes à Paris, et qui va reprendre le magasin de mademoiselle Rigolot, sur la place de la Fontaine, à Villers-Cotterets.

— Eh bien ! après ? demanda François.

— Ah ! mais c'est que si elle revenait aujourd'hui, je ne m'en irais que demain.... Il va sans doute y avoir noce et festin ici pour le retour de ce miroir de vertu !

— Écoute, Mathieu, dit François d'un air plus sérieux qu'il n'avait fait jusqu'alors, quand tu parleras devant d'autres que moi de mademoiselle Catherine, dans cette maison, il faut faire attention devant qui tu en parles !

— Et pourquoi ça ?

— Mais parce que mademoiselle Catherine est la fille de la propre sœur de monsieur Guillaume Watrin.

— Oui, et la bien-aimée de monsieur Bernard, n'est-ce pas ?

— Quant à ça, si on te le demande, Mathieu, reprit François, je te conseille de dire que tu n'en sais rien, vois-tu !

— Eh bien ! c'est ce qui te trompe : je dirai ce que je sais... On a vu ce que l'on a vu et l'on a entendu ce que l'on a entendu !

— Tiens, dit François regardant Mathieu avec une expression de dégoût et de mépris si parfaitement fondus ensemble, qu'il était impossible de comprendre lequel des deux sentiments l'emportait sur l'autre ; tu as décidément eu raison de te faire laquais : c'était ta vocation, Mathieu espion et rapporteur !... Bonne chance dans ton nouveau métier ! Si Bertrand descend, je l'attends à cent pas d'ici, au rendez-vous, c'est-à-dire au Saut du Cerf, entends-tu ?

Et, jetant son fusil sur son épaule, et ce mouvement qu'il n'appartient qu'à ceux qui ont une suprême habitude du maniement de cette arme, il sortit en répétant :

— Oh ! je ne m'en dédis pas, Mathieu, tu es un vilain et méchant garçon !

Mathieu le regarda s'éloigner avec son éternel sourire ; puis, lorsque le jeune garde eut disparu, cet éclair d'intelligence qui n'avait fait qu'y apparaître brilla de nouveau sur son front, et d'une voix pleine de menaces grossissant à mesure que celui qui était menacé s'éloignait :

— Ah, tu ne t'en dédis pas ! ah, je suis un méchant garçon ! dit-il ; ah, je tire mal ! ah, le chien de Bernard a réclamé parce qu'on m'appelait Louchonneau comme lui ! ah, je suis un espion, un fainéant, un rapporteur !... Patience ! patience ! patience ! le monde ne finit pas encore

aujourd'hui, et peut-être bien que je te revaudrai ça avant la fin du monde !

En ce moment, les planches de l'escalier qui conduisait au premier étage craquèrent, une porte s'ouvrit, et un beau et vigoureux jeune homme de vingt-cinq ans, complétement équipé en garde-chasse, moins le fusil, parut sur le seuil.

C'était Bernard Watrin, ce fils de la maison dont il a déjà été question deux ou trois fois dans les chapitres précédens.

La tenue du jeune garde était irréprochable : son habit bleu à boutons d'argent, fermé du haut en bas, dessinait une taille admirablement prise ; un pantalon de velours collant, et une guêtre de cuir venant jusqu'au-dessus du genou, faisaient valoir une cuisse et une jambe du plus beau modèle ; enfin, des cheveux blond-fauve et des favoris d'une teinte un peu plus chaude que les cheveux s'harmoniaient parfaitement avec des joues dont le hâle et le soleil n'avaient pu enlever la juvénile fraîcheur.

Il y avait quelque chose de si profondément sympathique dans celui que nous venons d'introduire en scène, que, malgré la fermeté de son œil bleu-clair et l'arête un peu dure de son menton, signe d'une volonté poussée jusqu'à l'entêtement, il était impossible de ne pas se sentir tout de suite entraîné vers lui.

Mais Mathieu n'était point de ceux qui se laissent aller à ces sortes d'entraînemens. La beauté physique de Bernard, qui faisait un contraste si complet avec sa laideur, à lui, Mathieu, avait été constamment chez le vagabond une cause d'envie et de haine ; et, certes, s'il n'eût eu qu'à se souhaiter un malheur pour qu'un malheur double du sien arrivât à Bernard, il n'eût point hésité à se souhaiter de perdre un œil pour que Bernard perdît les deux yeux, ou de se casser une jambe pour que les deux jambes de Bernard fussent cassées.

Ce sentiment était si invincible chez lui que, quelque effort qu'il fît pour sourire à Bernard, il ne lui souriait jamais, comme on dit, que du bout des dents.

Ce jour-là, son sourire fut encore plus vert et plus aigre que d'habitude. Il y avait dans ce sourire quelque chose d'une joie contrainte et impatiente : c'était celui de Caliban au premier roulement de tonnerre présageant une tempête.

Bernard ne fit point attention à ce sourire. Lui, au contraire, semblait avoir un joyeux concert chantant la jeunesse, la vie et l'amour au fond de son cœur.

Son regard s'étendit avec étonnement, je dirai presque avec inquiétude autour de lui.

— Tiens ! dit-il, je croyais avoir entendu la voix de François... N'était-il donc pas ici tout à l'heure ?

— Il y était, c'est vrai ! mais il s'est impatienté de vous attendre, et il s'en est allé.

— Bon ! nous nous retrouverons au rendez-vous.

Et Bernard alla à la cheminée, décrocha son fusil, souffla dans les canons pour s'assurer qu'ils étaient vides et propres, amorça les deux bassinets, fit couler une charge de poudre dans chaque canon, et tira de son carnet deux bourres en feutre.

— Tiens, dit Mathieu, vous vous servez donc toujours de bourres à l'emporte-pièce ?

— Oui, je trouve qu'elles pressent la poudre plus également... Eh bien ! qu'ai-je donc fait de mon couteau ?

Bernard chercha dans toutes ses poches, mais ne put y trouver l'objet dont il avait besoin.

— Voulez-vous le mien ? demanda Mathieu.

— Oui, donne.

Bernard prit le couteau, traça deux croix sur deux balles, et glissa ces deux balles dans les canons de son fusil.

— Que faites-vous donc là, monsieur Bernard ? demanda Mathieu.

— Je marque mes balles, afin de pouvoir les reconnaître, s'il y avait contestation. Quand on tire à deux sur le même sanglier, et que le sanglier n'a qu'une balle, on n'est pas fâché de savoir qui l'a tué.

Et Bernard s'avança vers la porte.

Mathieu le suivit de son œil louche, et cet œil avait, en ce moment, une incroyable expression de férocité.

Puis, quand le jeune homme toucha presque le seuil de la porte :

— Bah ! dit-il, un petit mot encore, monsieur Bernard... Du moment où c'est François, votre bichon, votre favori, votre toutou, qui a détourné le sanglier, vous savez bien que vous ne ferez pas buisson creux... D'ailleurs, si matin que ça, les chiens n'ont pas de nez.

— Eh bien ! voyons, qu'as-tu à me dire ? Parle.

— Ce que j'ai à vous dire ?

— Oui.

— Est-ce vrai que la merveille des merveilles arrive aujourd'hui ?

— De qui veux-tu parler ? demanda Bernard en fronçant le sourcil.

— De Catherine, donc !

A peine Mathieu avait-il prononcé ce nom, qu'un vigoureux soufflet retentissait, appliqué sur sa joue.

Il recula de deux pas sans que l'expression de sa physionomie changeât ; mais, portant sa main à la partie frappée :

— Tiens, demanda-t-il, qu'avez-vous donc ce matin, monsieur Bernard ?

— Rien, répondit le garde forestier, seulement, je désire t'apprendre à prononcer désormais ce nom avec le respect que tout le monde a pour lui, et moi le premier.

— Oh ! dit Mathieu en laissant toujours une de ses mains sur sa joue, et en fouillant de l'autre à sa poche, quand vous saurez ce qu'il y a dans ce papier-là, vous aurez regret du soufflet que vous venez de me donner.

— Dans ce papier ? répéta Bernard.

— Oui.

— Voyons ce papier, alors.

— Oh ! patience !

— Voyons ce papier, te dis-je !

Et faisant un pas vers Mathieu, il lui arracha le papier des mains.

C'était une lettre portant cette suscription :

A Mademoiselle Catherine Blum, rue Bourg-l'Abbé, n° 15, à Paris.

V

CATHERINE BLUM.

Le simple contact de ce papier, la simple lecture de cette adresse, fit passer un frisson par tout le corps de Bernard, comme s'il eût deviné que cette lettre renfermait pour lui toute une période d'existence nouvelle, toute une série de malheurs inconnus.

La jeune fille à laquelle était adressée cette lettre, et dont nous avons déjà dit deux mots, était la fille de la sœur du père Guillaume et, par conséquent, la cousine germaine de Bernard.

Maintenant, comment cette jeune fille portait-elle un nom allemand ? comment avait-elle été élevée par d'autres que son père et sa mère ? comment se trouvait-elle en ce moment rue Bourg-l'Abbé, n° 15, à Paris. C'est ce que nous allons dire.

En 1808, une colonne de prisonniers allemands, qui venaient des champs de bataille de Friedland et d'Eylau, traversa la France, logeant militairement chez les particuliers, comme logeaient les soldats français eux-mêmes.

Un jeune Badois, blessé grièvement à la première de ces deux batailles, se trouva avec son billet de logement chez le père Guillaume Watrin, marié depuis quatre ou cinq ans, et dans la maison duquel demeurait Rose Watrin, sa sœur, belle jeune fille de dix-sept à dix-huit ans.

La blessure de l'étranger, déjà grave au moment où il était sorti de l'ambulance, avait tellement empiré par les marches, les fatigues et le manque de soins, que force lui fut, sur un certificat du médecin et du chirurgien de Villers-Cotterets, messieurs Lécosse et Raynal, de séjourner dans la ville natale de celui qui raconte cette histoire.

On voulut le conduire à l'hôpital ; mais le jeune soldat manifesta une telle répugnance pour cette translation, que le père Guillaume, qu'à cette époque on appelait encore Guillaume tout court, attendu que c'était un beau jeune homme de vingt-huit à trente ans, fut le premier à lui proposer de rester à la Faisanderie.

C'est ainsi que se nommait, en 1808, la résidence de Guillaume, située à un quart de lieue à peine de la ville, sous les plus beaux et les plus grands arbres de cette partie de la forêt qu'on appelle le Parc.

Ce qui avait surtout inspiré à Frédéric Blum, tel était le nom du blessé, cette vive répugnance pour l'hôpital, c'étaient non-seulement la propreté de son hôte et de sa jeune femme, l'air excellent de la Faisanderie et la délicieuse vue de sa petite chambre donnant sur les parterres des gardes et les arbres verts de la forêt, mais encore, et bien plutôt, la vue de cette charmante fleur qu'on eût crue cueillie dans l'un de ces parterres et que l'on nommait Rose Watrin.

Elle, de son côté, quand elle avait vu le jeune homme si beau, si pâle, si souffrant, placé à être mis sur le brancard des pauvres et transporté à l'hôpital, elle avait éprouvé une si douloureuse impression, que le cœur lui avait manqué, et qu'elle avait été trouver son frère, les mains jointes et les larmes aux yeux, n'osant prononcer un seul mot, mais bien plus éloquente par son silence qu'elle ne l'eût été par les paroles les plus pressantes de la terre.

Watrin avait compris tout ce qui se passait dans l'âme de sa sœur, et, poussé moins encore par le désir de la jeune fille que par ce fonds de pitié qu'on est toujours sûr de rencontrer chez les hommes de l'isolement et de la solitude, il avait consenti à ce que le jeune Badois restât à la Faisanderie.

A partir de ce moment, par une convention tacite, la femme de Watrin avait repris tout entiers les soins de son ménage et de son fils Bernard, alors âgé de trois ans ; tandis que Rose, la belle fleur de la forêt, s'était consacrée exclusivement à la garde du blessé.

La blessure avait été faite, qu'on nous pardonne les quelques mots scientifiques que nous allons être obligés de prononcer, la blessure avait, disons-nous, été faite par une balle qui avait frappé sur le condyle du fémur, avait glissé à travers les aponévroses du *fascia lata*, et pénétré dans les couches profondes, où elle s'était engagée en y déterminant une violente irritation. D'abord, les chirurgiens avaient cru l'os du fémur brisé, et avaient voulu pratiquer la désarticulation ; mais cette opération avait effrayé le jeune homme, non pas tant à cause de la douleur dont elle devait être accompagnée que par l'idée d'une mutilation éternelle. Il avait déclaré qu'il préférait mourir ; et, comme il avait affaire à des chirurgiens français, auxquels il était à peu près égal qu'il mourût ou ne mourût pas, ceux-ci l'avaient laissé à l'ambulance, où, peu à peu, pour me servir toujours du terme scientifique, la balle s'était enchatonnée dans les régions musculaires par une sécrétion aponévrotique.

Sur ces entrefaites était arrivé l'ordre de faire filer les prisonniers sur la France. Les prisonniers, blessés ou non, avaient été mis dans des charrettes, et avaient été expédiés à leur destination : Frédéric Blum comme les autres, et avec les autres. Il avait fait deux cents lieues de cette façon ; mais, en arrivant à Villers-Cotterets, ses souffrances avaient été, comme nous l'avons dit, si intolérables, qu'il lui avait été impossible d'aller plus loin.

Par bonheur, ce que l'on pouvait regarder comme une aggravation était, au contraire, un commencement de convalescence. La balle, soit qu'elle eût été chassée par quelque violent effort, soit qu'elle eût été entraînée par son propre poids, avait déchiré son enveloppe anormale, et descendait à travers la séparation des muscles, dont elle déchirait, en descendant, le tissu intersticiel.

Or, on le comprend, ce miracle de la nature, cette guérison étrange que le corps entreprend pour son propre compte, ne s'opère pas instantanément et sans de violentes douleurs. Le blessé resta trois mois étendu sur sa couche fiévreuse, puis peu à peu une amélioration sensible se manifesta ; il put se lever, marcher jusqu'à la fenêtre d'abord, ensuite jusqu'à la porte, puis sortir, puis se promener appuyé au bras de Rose Watrin, sous les grands arbres qui avoisinent la Faisanderie ; puis enfin, un jour, il sentit entre les fléchisseurs de sa jambe gauche rouler un corps étranger. Il appela le chirurgien : le chirurgien opéra une légère incision, et la balle, qui avait failli être mortelle, tomba inoffensive dans les mains de l'opérateur.

Frédéric Blum était guéri.

Mais, à la suite de cette guérison, il se trouva qu'il y avait dans la maison Watrin deux blessés au lieu d'un.

Heureusement, la paix de Tilsitt arriva. Un nouveau royaume avait été créé dès 1807 ; il empruntait à l'ancien duché de Westphalie l'évêché de Paderborn, Horn et Bilefeld ; il y joignait une partie des cercles du Haut-Rhin et de la Basse-Saxe ; il comprenait en outre le sud du Hanovre, Hesse-Cassel et les principautés de Magdebourg et de Verden.

Ce royaume se nommait le royaume de Westphalie. Demeuré à l'état de mythe tant que la grande question débattue à main armée ne fut pas résolue par les victoires de Friedland et d'Eylau, il fut reconnu par Alexandre, à la paix de Tilsitt, et désormais compta parmi les royaumes européens, où il ne devait figurer que pendant six ans.

Un matin Frédéric Blum se réveilla donc définitivement Westphalien, et, par conséquent, allié du peuple français, au lieu d'en être l'ennemi.

Alors, il fut sérieusement question de réaliser l'idée qui préoccupait les deux jeunes gens depuis plus de six mois, c'est-à-dire de les marier.

La véritable difficulté avait disparu : Guillaume Watrin était trop bon Français pour donner sa sœur à un homme exposé à servir contre la France, et à tirer un jour des coups de fusil contre Bernard, que son père voyait déjà revêtu d'un uniforme et marchant au pas de charge contre les ennemis de son pays ; mais Frédéric Blum, devenu Westphalien, par conséquent Français, le mariage des deux jeunes gens était la chose la plus simple du monde.

Frédéric engagea sa parole de bon et brave Allemand de revenir avant trois mois, et partit.

Il y eut force larmes au départ ; mais la loyauté était si bien peinte sur le visage de Blum, que l'on ne douta pas un seul instant de son retour.

Il avait un projet dont il n'avait rien dit à personne : c'était d'aller trouver le nouveau roi à Cassel, et de lui présenter un placet par lequel il lui raconterait toute son histoire et lui demanderait une place de garde dans cette forêt de quatre-vingt lieues de long sur quinze de large qui s'étend du Rhin au Danube, et qu'on appelle la forêt Noire.

Le plan était simple et naïf : il réussit à cause même de sa simplicité et de sa naïveté.

Un jour, du balcon de son château, le roi vit un soldat qui, un papier à la main, semblait solliciter sa bienveillance ; il était de bonne humeur, comme tous les rois qui en sont aux premières marches du trône : au lieu d'envoyer prendre le placet, il envoya chercher le soldat. Celui-ci lui exposa en assez bon français ce que contenait ce placet. Le roi mit le mot *accordé* au-dessous de la demande, et Frédéric Blum se trouva garde chef d'un canton de la forêt Noire.

Un congé d'un mois, pour donner au nouveau garde

chef le temps d'aller chercher sa fiancée, et une gratification de 500 florins pour l'aider à faire le voyage, étaient joints au brevet qui assurait l'avenir de nos deux jeunes gens.

Frédéric Blum avait demandé trois mois, on le vit revenir au bout de six semaines. C'était une épreuve de son amour qui parlait d'elle-même, et si haut, que Guillaume Watrin n'eut aucune objection à faire.

Mais Marianne en fit une, et des plus sérieuses même.

Marianne était bonne catholique, allant tous les dimanches entendre la messe à l'église de Villers-Cotterêts, et communiant aux quatre grandes fêtes de l'année, sous la direction de l'abbé Grégoire.

Or, Frédéric Blum était protestant, et, aux yeux de Marianne, l'âme de Frédéric Blum était inévitablement perdue, et celle de sa belle-sœur sérieusement compromise.

On fit venir l'abbé Grégoire.

L'abbé Grégoire était un excellent homme, myope comme une taupe des yeux du corps ; mais cette myopie extérieure et matérielle avait rendue plus perçante chez lui la vue de l'âme. Il était impossible d'avoir un sens plus juste et plus droit des choses de ce monde et des choses du ciel que le digne abbé, et nul prêtre, depuis que des vœux abnégatifs ont été prononcés par un homme, n'est, j'en réponds, resté plus scrupuleusement fidèle aux vœux qu'il avait faits.

L'abbé Grégoire répondit qu'il y avait une religion qu'il fallait suivre avant tout, savoir, celle de l'âme ; or, l'âme des deux jeunes gens avait fait serment d'amour mutuel : Frédéric Blum suivrait sa religion ; Rose Watrin la sienne ; les enfans seraient élevés dans la religion du pays qu'ils habiteraient, et, au jour du jugement dernier, Dieu, qui est tout miséricorde, se contenterait de séparer, c'était l'espoir du brave abbé, non pas les protestans des catholiques, mais simplement les bons des méchans.

Cette décision de l'abbé Grégoire, appuyée par les deux fiancés et par Guillaume Watrin, ayant réuni trois voix en sa faveur tandis que la proposition contraire n'en avait eu qu'une seule, celle de Marianne, il fut convenu que le mariage aurait lieu aussitôt que seraient accomplies les formalités religieuses.

Ces formalités prirent trois semaines, après lesquelles Rose Watrin et Frédéric Blum furent mariés à la mairie de Villers-Cotterêts, sur les registres de laquelle on peut voir leurs noms à la date du 12 septembre 1809, et à l'église de la même ville.

L'absence d'un pasteur protestant fit différer le mariage au temple jusqu'à l'arrivée des deux époux en Westphalie.

Un mois après, jour pour jour, ils étaient remariés par le pasteur de Verden, et toutes les cérémonies qui liaient l'un à l'autre les deux sectateurs de deux cultes différens se trouvèrent accomplies.

Au bout de dix mois naquit un enfant du sexe féminin, lequel ou plutôt laquelle reçut le nom de Catherine, et fut, *selon l'usage du pays où elle était née*, élevée dans la religion protestante.

Trois ans et demi d'une félicité parfaite s'écoulèrent pour les jeunes époux ; puis vint la campagne de 1812, mère désastreuse de la non moins fatale campagne de 1813.

La grande armée disparut sous les neiges de la Russie et sous les glaces de la Bérésina. Il fallut lever une armée nouvelle : tout ce qui avait déjà figuré sur les cadres, tout ce qui n'avait pas trente ans révolus, fut appelé à prendre les armes.

Frédéric Blum, par ce décret, se trouvait deux fois soldat : soldat pour avoir figuré autrefois sur les cadres de l'armée, soldat parce qu'il n'avait que vingt-neuf ans et quatre mois.

Peut-être eût-il pu faire valoir près du roi de Westphalie ce motif d'exemption, qu'il souffrait parfois cruellement de son ancienne blessure ; il n'y songea même pas.

Il partit pour Cassel, se présenta au roi, se fit reconnaître de lui, demanda à servir, comme autrefois, dans la cavalerie, recommanda au prince sa femme et son enfant, et partit comme brigadier dans les chasseurs westphaliens.

Il était parmi les vainqueurs à Lutzen et à Bautzen ; il fut parmi les vaincus et les morts à Leipzig.

Cette fois, une balle saxonne lui avait traversé la poitrine, et il se coucha pour ne plus ne se relever, au milieu des soixante mille mutilés de cette journée, où l'on tira cent dix-sept mille coups de canon, cent onze mille de plus qu'à Malplaquet. On voit que la succession des siècles amène le progrès !

Le roi de Westphalie n'oublia pas la promesse faite : une pension de trois cents florins fut accordée à la veuve de Frédéric Blum et vint la trouver au milieu de son deuil et de ses larmes; mais, dès le commencement de 1814, le royaume de Westphalie n'existait plus, et le roi Jérôme avait cessé de compter au nombre des têtes couronnées.

Frédéric Blum ayant été tué dans les rangs français ; à cette époque de réaction, c'était assez pour que sa veuve fût mal vue dans cette Allemagne qui venait de se soulever tout entière contre nous. Elle se mit donc en route avec les débris de l'armée française qui repassait la frontière, et, un matin, son enfant dans les bras, elle vint frapper à la porte de son frère Guillaume.

La mère et l'enfant furent reçus par ce cœur d'or comme des envoyés de Dieu.

La petite fille, — elle avait trois ans, — devint la sœur de Bernard qui en avait neuf; la mère reprit, sur le lit de douleur de Blum, dans la petite chambre d'où l'on apercevait les jardins de la forêt, la place de Frédéric Blum.

Hélas ! la pauvre femme était plus dangereusement malade que ne l'avait été son mari; la fatigue et le chagrin avaient donné chez elle naissance à une péripneumonie qui dégénéra en phthisie pulmonaire, et qui, malgré tous les soins dont elle fut entourée par son frère et sa belle-sœur, amena la mort.

Vers la fin de 1814, c'est-à-dire à l'âge de quatre ans, la petite Catherine Blum se trouva donc orpheline.

Orpheline de nom, bien entendu, car elle eût retrouvé un père et une mère dans Watrin sa sa femme, si un père et un mère perdus se retrouvaient jamais.

Mais ce qu'elle trouva, aussi tendre, aussi dévoué que que s'il eût eu le même père et la même mère qu'elle, ce fut un frère dans le jeune Bernard.

Les deux enfans grandirent sans s'inquiéter le moins du monde des vicissitudes politiques qui agitèrent la France, et qui mirent deux ou trois fois en question l'existence matérielle de leurs parens.

Napoléon abdiqua à Fontainebleau, rentra un an après à Paris, tomba une seconde fois à Waterloo, s'embarqua à Rochefort, fut enchaîné et mourut sur son rocher de Sainte-Hélène, sans que toutes ces grandes catastrophes prissent à leurs yeux aucune des proportions que devait un jour leur donner l'histoire.

Ce qui importait à la famille perdue sous ces épais feuillages, où la vie et la mort des puissans de ce monde avaient un si faible écho, c'est que le duc d'Orléans, redevenu comme apanagiste propriétaire de la forêt de Villers-Cotterets, eût conservé à Guillaume Watrin sa position de garde chef.

Cette position lui avait été conservée, et s'était même améliorée. A la mort tragique de Choron, Watrin avait été appelé de la garderie de la Pépinière à celle de Chavigny, et avait dû quitter son logement de la Faisanderie pour la maison neuve du chemin de Soissons.

Or, cent francs de plus étaient attribués à cette garderie, et une augmentation de cent francs c'était une notable amélioration dans les appointemens du vieux garde chef.

De son côté, Bernard avait grandi, et, admis comme garde adjoint à dix-huit ans, avait été nommé garde aux appointemens de cinq cents francs le jour même où il avait atteint sa majorité. Il en résultait quatorze cents

francs réunis dans la même maison, lesquels, joints au logement gratuit et aux bénéfices du coup de fusil, avaient amené l'aisance dans la famille.

Tout le monde s'était ressenti de cette aisance : Catherine Blum avait été mise en pension à Villers-Cotterets, et y avait reçu une éducation qui de la paysanne avait peu à peu fait une demoiselle de la ville. Puis, en même temps que son éducation, sa beauté avait fleuri, et Catherine Blum à seize ans était une des plus charmantes filles de Villers-Cotterets et des environs.

C'était alors que cet amour de frère, que Bernard avait pendant toute sa jeunesse porté à Catherine, changea insensiblement de nature, et se transforma en un amour d'amant.

Cependant, ni l'un ni l'autre des deux jeunes gens n'avait vu bien clair dans ce sentiment : chacun de son côté comprenait qu'il aimait l'autre davantage, au fur et à mesure qu'il passait de l'enfance à l'adolescence, mais aucun d'eux ne se rendit compte de la situation de son cœur, jusqu'au moment où vint une circonstance qui leur prouva que leur double existence n'avait qu'une seule source, comme deux fleurs n'ont qu'une même tige.

Au sortir de sa pension, c'est-à-dire à l'âge de treize ou quatorze ans, Catherine Blum avait été mise en apprentissage chez mademoiselle Rigolot, la première lingère-modiste de Villers-Cotterets; elle y était restée deux ans, et y avait donné tant de preuves d'intelligence et de goût, que mademoiselle Rigolot avait déclaré que, si Catherine Blum passait un an ou dix-huit mois à Paris pour y prendre le goût de la capitale, elle n'hésiterait pas, même sans argent comptant, mais moyennant deux mille livres par an pendant six ans, à lui céder son fonds, et cela de préférence à toute autre.

Cette ouverture était trop sérieuse pour ne point ordonner de graves réflexions entre Guillaume Watrin et sa femme.

Il fut décidé que, munie d'une lettre de mademoiselle Rigolot pour sa correspondante de Paris, Catherine partirait de Villers-Cotterets et s'installerait pendant un an ou dix-huit mois dans la capitale.

La rue Bourg-l'Abbé n'était peut-être pas une des rues où la mode se produisait sous son aspect le plus neuf et le plus élégant; mais rue Bourg-l'Abbé demeurait la correspondante de mademoiselle Rigolot, et l'on s'en rapportait à Catherine pour corriger ce que le goût des habitans de cette rue bourgeoise pouvait avoir de trop arriéré.

Ce fut lorsque Bernard et Catherine durent se quitter qu'ils apprécièrent véritablement le point où en était venu leur amour, et qu'ils s'aperçurent que cet amour avait tout l'égoïsme de celui d'un amant à une maîtresse, loin d'avoir l'élasticité de celui d'un frère à une sœur.

Des promesses de penser éternellement l'un à l'autre, de s'écrire au moins trois fois par semaine, et de garder une fidélité inébranlable, furent échangées entre les deux jeunes gens, qui, muets comme de véritables amans, enfermèrent dans leurs deux cœurs le secret de leur amour, dont peut-être ne se rendaient-ils point parfaitement compte eux-mêmes.

Pendant les dix-huit mois d'absence de Catherine, Bernard avait obtenu deux congés de quatre heures chacun ; mais deux congés, dus à la protection spéciale de son inspecteur, qui aimait comme homme et appréciait comme serviteurs les deux Watrin, furent tout naturellement employés par Bernard à faire à Paris deux voyages qui ne servirent qu'à resserrer encore les liens qui unissaient les deux jeunes gens.

Enfin l'heure du retour était arrivée, et pour fêter ce retour, l'inspecteur avait permis qu'un sanglier fût mis à mort. C'était donc dans ce but que François s'était levé à trois heures du matin, qu'il avait détourné la bête, qu'il avait fait son rapport au père Guillaume, que le père Guillaume était allé de sa personne vérifier le rapport, que les gardes de la garderie de Chavigny, acolytes et convives naturels des hôtes de la Maison-Neuve, avaient pris rendez-vous au Saut du Cerf, et que Bernard, bercé par les plus doux rêves à l'idée de ce retour, était descendu peigné, frisé, pomponné, souriant et joyeux, lorsque la lettre mise sous ses yeux par Mathieu Goguelue avait tout à coup changé ce sourire en un froncement de sourcils, et cette joie en inquiétude!

VI

LE PARISIEN.

En effet, sur l'adresse de la lettre, Bernard avait reconnu l'écriture d'un jeune homme nommé Louis Chollet, fils d'un négociant en bois de Paris, lequel était venu s'installer, depuis deux ans, chez monsieur Raisin, le premier marchand de bois de Villers-Cotterets, qui était en même temps maire de la ville.

Il apprenait là le côté pratique de son état, c'est-à-dire qu'il faisait chez monsieur Raisin le métier de garde-vente, comme en Allemagne, et particulièrement sur les bords du Rhin, les fils des plus grands hôteliers remplissent chez des collègues de leur père l'emploi de premiers garçons.

Le père Chollet était très riche, et faisait à son fils, pour ses menus plaisirs, une pension de cinq cents francs par mois.

Avec cinq cents francs par mois, à Villers-Cotterets, on a tilbury, cheval de selle et cheval de voiture.

En outre, et surtout quand on s'habille à Paris, et que l'on trouve moyen de faire payer son tailleur à la caisse paternelle, on est le roi de la *fashion* provinciale.

C'est ce qui arrivait à Louis Chollet.

Jeune, riche, beau garçon, habitué à la vie de Paris, où de faciles amours lui avaient donné des femmes cette idée que s'en font les jeunes gens qui n'ont jamais connu que des grisettes ou des filles entretenues, Chollet avait pensé que rien ne saurait lui résister, et que, y eût-il à Villers-Cotterets les cinquante filles du roi Danaüs, il accomplirait avec elles, dans un temps plus ou moins long, le treizième travail d'Hercule, qui avait fait dans l'antiquité, au fils de Jupiter, la plus belle part de sa réputation.

Donc, en arrivant, et dès le premier dimanche, pensant que, grâce à son frac taillé sur le dernier patron, à son pantalon de couleur tendre, à sa chemise brodée à jour et à sa chaîne de montre aux mille breloques, il n'aurait, comme un autre Soliman, qu'à jeter le mouchoir, il s'était présenté à la salle de danse, et, examen fait de toutes les jeunes filles, il avait jeté le mouchoir à Catherine Blum.

Malheureusement il lui était arrivé, à lui, ce qui était arrivé trois siècles auparavant à l'illustre soudan auquel nous lui avons fait l'honneur de le comparer; le mouchoir ne fut pas plus relevé par la Roxelane du moyen-âge, et le Parisien, c'était de ce sobriquet que l'on avait tout d'abord baptisé le nouveau venu, en avait été pour ses frais.

Il y avait plus : comme le Parisien s'était occupé avec affectation de Catherine, Catherine n'avait point paru à la danse le dimanche suivant.

Et cela s'était fait d'une façon toute naturelle; elle avait lu dans les yeux de Bernard l'inquiétude que lui avait causée l'assiduité du jeune garde-vente, et, la première, elle avait proposé à son cousin, ce que celui-ci avait accepté d'enthousiasme, de venir passer le dimanche à la Maison-Neuve, au lieu que son cousin, comme il avait l'habitude de le faire depuis que Catherine habitait la ville, vînt passer son dimanche à Villers-Cotterets.

Mais le Parisien ne s'était point tenu pour battu : il avait commandé des chemises à mademoiselle Rigolot, puis des

mouchoirs, puis des faux-cols, ce qui lui avait donné pour voir Catherine une multitude d'occasions dans lesquelles celle-ci n'avait pu opposer qu'une grande politesse comme première demoiselle de comptoir, et une grande froideur comme femme.

Ces visites du Parisien chez mademoiselle Rigolot, visites à la cause desquelles il n'y avait point à se tromper, avaient fort inquiété Bernard : mais comment empêcher ces visites? Le futur marchand de bois était le seul et unique juge du nombre de chemises, de mouchoirs et de faux-cols qu'il devait posséder, et, s'il lui plaisait d'avoir vingt-quatre douzaines de chemises, quarante-huit douzaines de mouchoirs et six cents faux-cols, cela ne regardait aucunement Bernard Watrin.

Il était, en outre, maître de commander des chemises une à une, et les mouchoirs et les faux-cols un à un, ce qui lui permettrait d'entrer trois cent soixante-cinq fois par an chez mademoiselle Rigolot.

De ce nombre de jours, nous devons cependant défalquer les dimanches, non pas que, le dimanche, mademoiselle Rigolot fermât son magasin, mais tous les samedis, à huit heures du soir, Bernard venait chercher sa cousine, qu'il ramenait tous les lundis, à huit heures du matin. Et il était à remarquer que, du moment où cette habitude avait été connue du Parisien, le Parisien n'avait jamais eu l'idée, non-seulement de rien commander le dimanche à mademoiselle Rigolot, mais même de s'informer, ce jour-là, si les objets commandés par lui pendant la semaine étaient prêts.

C'était sur ces entrefaites qu'était venue, de la part de mademoiselle Rigolot, la proposition d'envoyer Catherine à Paris, proposition qui, ainsi que nous l'avons dit en son temps, avait été accueillie favorablement par Guillaume et la mère Watrin, et à laquelle Bernard eût certes apporté une bien autre résistance, s'il n'eût pas songé que l'exécution de ce projet mettait soixante-douze kilomètres de distance entre le détesté Louis Chollet et la bien-aimée Catherine Blum.

Cette idée avait donc un peu, à l'endroit de Bernard, adouci la douleur de la séparation.

Mais, quoiqu'il n'y eût point de chemin de fer à cette époque, soixante-douze kilomètres n'étaient pas un empêchement pour un amoureux, surtout quand cet amoureux, garde-vente amateur, n'avait pas besoin de demander le congé de son patron, et possédait cinq cents francs par mois d'argent de poche.

Il en résulta donc que, contre les deux voyages qu'avait faits Bernard à Paris dans l'espace de dix-huit mois, Chollet, qui était libre de ses actions, et qui touchait, à chaque trentième jour de ces mois, la même somme que Bernard touchait seulement ou plutôt avait touché le trois cent soixante-cinquième jour de l'année; il en résulta, dis-je, que, contre ces deux voyages, Chollet en fit douze!

Et il y avait cela de remarquable : c'est que, depuis le départ de Catherine pour Paris, Chollet avait cessé de se fournir de chemises chez mademoiselle Rigolot, place de la Fontaine, à Villers-Cotterets, et qu'il se fournissait à Paris, chez madame Cretté et compagnie, rue Bourg-l'Abbé, 15.

Il va sans dire que Bernard avait été immédiatement mis par Catherine au courant de ce détail, qui avait une grande importance pour mademoiselle Rigolot, mais qui avait une importance bien autrement grande pour lui.

Or, le cœur humain est ainsi fait; quoiqu'il fût sûr du sentiment que lui avait voué sa cousine, cette poursuite du Parisien ne laissait point que de l'alarmer.

Vingt fois il avait eu l'idée de chercher à Louis Chollet quelqu'une de ces bonnes querelles qui se terminent par un coup d'épée ou un coup de pistolet, et comme, grâce à ses exercices particuliers, Bernard tirait le pistolet de première force; comme, grâce à un de ses camarades qui avait été prévôt dans un régiment, et qui, de voisin à voisin, lui avait donné autant de leçons qu'il lui avait plu d'en prendre, il maniait très agréablement la brette, la chose poussée à ses dernières conséquences ne l'eût que médiocrement inquiété ; mais le moyen de chercher querelle à un homme dont il n'avait aucunement à se plaindre ; qui, poli avec tout le monde, l'était peut être plus particulièrement avec lui qu'avec tout autre ? C'était chose impossible !

Il fallait donc attendre l'occasion. Bernard l'avait attendue dix-huit mois, et, pendant ces dix-huit mois, elle ne s'était pas une seule fois présentée.

Mais voilà que, le jour même où devait revenir Catherine Blum, on lui remettait une lettre adressée à la jeune fille, et qu'il reconnaissait que l'adresse de cette lettre était écrite de la main de son rival.

On comprend donc l'agitation et la pâleur qui s'étaient emparées de Bernard à la seule vue de cette lettre.

Il la tourna et la retourna, comme nous l'avons dit, dans sa main, tira son mouchoir de sa poche et s'essuya le front.

Puis, comme s'il eût pensé qu'il aurait encore besoin de son mouchoir, il le maintint sous son bras gauche, au lieu de le mettre dans sa poche, et, de l'air d'un homme qui prend une grande résolution, il décacheta la lettre.

Mathieu le regardait faire avec son méchant sourire, et, s'apercevant qu'il devenait plus pâle et plus agité au fur et à mesure qu'il lisait :

— Voyez-vous, monsieur Bernard, voilà ce que je me suis dit en prenant cette lettre dans la poche de Pierre... je me suis dit : « Bon ! je vas éclairer monsieur Bernard sur les manigances du Parisien, et, du même coup, je ferai chasser Pierre ! » En effet, ça n'a pas manqué : quand Pierre est venu dire qu'il avait perdu la lettre... l'imbécile ! comme s'il ne pouvait pas dire qu'il l'avait mise à la poste, je vous demande un peu ! Ça aurait d'abord eu cet avantage que le Parisien, croyant que la première était partie, n'en aurait pas écrit une seconde, et que, par conséquent, mademoiselle Catherine ne l'aurait pas reçue, et, ne l'ayant pas reçue, n'y aurait pas répondu.

En ce moment, Bernard, qui lisait la lettre pour la seconde fois, s'interrompit, et, avec une espèce de rugissement :

— Comment, répondu ? s'écria-t-il ; tu dis, malheureux, que Catherine a répondu au Parisien ?

— Ouais ! dit Mathieu en garantissant sa joue avec sa main, de peur d'un second soufflet, je ne dis point précisément cela !

— Et que dis-tu, alors ?

— Je dis que mademoiselle Catherine est femme, et que le péché tente toujours une fille d'Ève.

— Je te demande positivement si Catherine a répondu ! entends-tu, Mathieu ?

— Peut-être bien que non... Mais, dame ! vous savez, qui ne dit rien consent.

— Mathieu ! s'écria le jeune homme en faisant un geste de menace.

— Dans tous les cas, il devait partir ce matin pour aller au-devant d'elle avec le tilbury.

— Et est-il parti ?

— S'il est parti ?... est-ce que je sais cela, dit Mathieu, puisque j'ai couché ici dans le fournil ! Mais voulez-vous le savoir ?

— Oui, certes, je le veux !

— Eh bien ! c'est chose facile. En vous informant à Villers-Cotterets, la première personne à qui vous demanderez : « A-t-on vu monsieur Louis Chollet aller du côté de Gondreville avec son tilbury ? » vous répondra : « Oui ! »

— Oui !... mais il y a donc été alors ?

— Oui ou non... Moi, je suis un imbécile, comme vous savez... Je vous dis qu'il devait y aller, je ne vous dis point qu'il y ait été, moi !

— Mais comment peux-tu savoir cela !... En effet, la lettre avait été décachetée et recachetée.

— Ah ! dame ! je n'en sais rien... Peut-être le Parisien l'a-t-il rouverte pour écrire un *post-scriptum*, comme on dit.

— Alors, ce n'est pas toi qui l'as décachetée et recachetée ?

— Pourquoi faire ? je vous le demande... Est-ce que je sais lire, moi ! Est-ce que je ne suis pas une bête brute à laquelle on n'a jamais pu faire entrer l'A, B, C, D dans la tête ?

— C'est vrai, murmura Bernard ; mais, enfin, comment sais-tu qu'il devait aller au-devant d'elle ?

— Ah ! il m'a dit comme ça : « Mathieu, il faudra étriller le cheval de bon matin, parce que je pars à six heures avec le tilbury, pour aller au-devant de Catherine. »

— Il a dit Catherine tout court ?

— Attendez qu'il ait pris des mitaines pour ça !

— Ah ! murmura Bernard, si j'avais été là, si j'avais eu le bonheur de l'entendre !

— Oui, vous lui auriez donné un soufflet comme à moi... ou plutôt, non, vous ne le lui auriez pas donné.

— Et pourquoi cela ?

— Parce que vous tirez bien le pistolet, c'est vrai, mais qu'il y a des arbres, dans la vente de monsieur Raisin, qui prouvent, tout criblé de balles qu'ils sont, qu'il tire pas mal non plus... parce que vous tirez bien l'épée, c'est vrai, mais que lui, il a fait, l'autre jour, assaut avec le sous-inspecteur, un qui sort des gardes du corps, et qu'il l'a joliment boutonné, comme on dit !

— Bon ! dit Bernard, et tu crois que c'est cela qui m'aurait retenu ?

— Je ne dis pas ça ; mais vous auriez peut-être un peu plus réfléchi tout de même à donner un soufflet au Parisien qu'à en donner un au pauvre Mathieu Goguelue, qui n'a pas plus de défense qu'un enfant.

Un bon mouvement, un mouvement de pitié et presque de honte, passa dans le cœur de Bernard, et, tendant la main à Mathieu :

— Pardonne-moi, lui dit-il, j'ai eu tort.

Mathieu lui donna timidement sa main froide et frissonnante.

— Quoique... quoique... continua Bernard, quoique tu ne m'aimes pas, Mathieu !

— Ah ! Dieu de Dieu ! s'écria le vagabond, pouvez-vous dire cela, monsieur Bernard !

— Sans compter que tu mens chaque fois que tu ouvres la bouche.

— Bon ! reprit Mathieu, prenons que j'ai menti... Qu'est-ce que ça me fait, à moi, que le Parisien soit ou ne soit pas le bon ami de mademoiselle Catherine, et aille ou n'aille pas au-devant d'elle dans son tilbury, au moment où monsieur Raisin, qui fait tout ce que veut monsieur Chollet, dans l'espérance que celui-ci épousera sa fille Euphrosine, m'a renvoyé Pierre, et m'a pris pour domestique en son lieu et place ?... Ça me va mieux, je dois le dire, qu'on ne sache pas que c'est moi qui, par dévoûment pour vous, ai pris la lettre dans la poche du vieux. C'est un mauvais gars que maître Pierre, sournois en diable ; et quand le sanglier est forcé, dame ! vous savez, monsieur Bernard, gare au coup de boutoir !

Bernard, tout en répondant à ses propres pensées, tout en froissant la lettre dans sa main, écoutait Mathieu, quoiqu'il eût l'air de ne pas l'entendre.

Tout à coup, se retournant de son côté et frappant à la fois la lettre du pied et de la crosse de son fusil :

— Tiens, décidément, Mathieu, dit-il, tu es...

— Oh ! ne vous retenez pas, monsieur Bernard, dit Mathieu de son air moitié bête, moitié malin : ça fait du mal de se retenir !

— Tu es une canaille ! dit Bernard ; va-t-en !

Et il fit un pas vers le vagabond pour le faire sortir de force, dans le cas où celui-ci ne serait pas disposé à sortir de bonne volonté : mais, selon son habitude, Mathieu n'opposa aucune résistance : au pas que fit Bernard en avant, il répondit en faisant deux pas en arrière.

Puis, tout en s'éloignant à reculons, et en regardant derrière lui pour ne pas manquer la porte :

— Peut-être, répondit-il, vaudrait-il mieux me remer-

cier autrement; mais c'est votre manière à vous... Chacun sa manière, comme on dit. Au revoir, monsieur Bernard! au revoir!...

Puis, de la porte, et d'un accent où débordait toute sa vieille et sa nouvelle haine :

— Entendez-vous? cria-t-il; je vous dis : Au REVOIR!

Et, accélérant son pas, d'ordinaire si lent et si endormi, il sauta le fossé qui sépare la route de la forêt, et s'enfonça sous l'ombre des grands arbres, où il disparut.

VII

JALOUSIE.

Mais l'œil de Bernard, au lieu de suivre Mathieu dans sa fuite et dans sa menace, était déjà retombé sur la lettre.

— Oui, murmurait-il, qu'il lui ait écrit cette lettre en sa qualité de Parisien, je le comprends parfaitement : il ne doute de rien! mais qu'elle revienne justement par là route qu'il lui indique, ou qu'elle accepte une place dans son tilbury, c'est ce que je ne puis croire!... Ah! pardieu! c'est toi, François! soit le bien venu!

Ces mots s'adressaient au jeune garde à qui nous avons fait tout ensemble ouvrir et la porte du père Guillaume et le premier chapitre de ce roman.

— Oui, c'est moi, dit-il; par ma foi! je venais voir un peu si tu n'étais pas mort d'apoplexie foudroyante!

— Non, pas encore, dit Bernard avec un sourire qui crispa le coin de sa lèvre.

— Alors, en route! continua François; Bobineau, La Feuille, Lajeunesse et Berthelin sont déjà au Saut-du-Cerf, et, si papa bougon nous retrouve ici en rentrant, c'est nous qui aurons la chasse, et pas le sanglier !

— En attendant, viens ici! dit Bernard.

Ces paroles furent prononcées d'une voix rude et impérative, qui était si peu dans les habitudes de Bernard, que François le regarda avec étonnement; mais, voyant à la fois la pâleur de son visage, l'altération de ses traits, et cette lettre qu'il tenait à la main et qui semblait être la cause de ce changement survenu dans la physionomie et dans les manières du jeune homme, il s'avança, moitié souriant, moitié inquiet, et, portant la main à sa casquette, à la manière des militaires qui saluent un chef :

— Me voilà, mon supérieur! dit-il.

Bernard, qui voyait l'œil de François fixé sur la lettre, rejeta derrière son dos la main qui tenait le papier, et, posant l'autre sur l'épaule de François :

— Que dis-tu du Parisien? demanda-t-il.

— De ce jeune homme qui est chez monsieur Raisin, le marchand de bois?

— Oui.

François fit un mouvement de tête accompagné d'un claquement de langue appréciateur.

— Je dis qu'il est bien vêtu, répondit-il, et toujours à la plus nouvelle mode, à ce qu'il paraît.

— Il ne s'agit pas de son habit!

— Comme figure, alors? Ah! dame! c'est un joli garçon, je ne puis pas dire le contraire.

Et François fit un autre geste d'appréciation.

— Je ne te parle pas de lui au physique, dit Bernard impatienté : je te parle de lui au moral.

— Au moral? s'écria François indiquant, par l'intonation de sa voix, que, du moment où il s'agissait du moral, son opinion allait changer du tout au tout.

— Oui, au moral, répéta Bernard.

— Eh bien! reprit François, je dis qu'au moral il n'est pas fichu de retrouver la piste de la vache de la mère Watrin, si elle était perdue dans le champ Meutard. Ça laisse pourtant une fière piste, une vache!

— Oui, mais il est fort capable de détourner une biche, de la lancer et de la suivre jusqu'à ce qu'elle soit forcée. surtout si la biche porte un bonnet et un jupon!

La figure de François prit, à cette demande, une expression d'hilarité approbative à laquelle il n'y avait point à se tromper.

— Ah! dame! sous ce rapport-là, dit-il, il a la réputation d'un joli chasseur!

— Soit, reprit Bernard en serrant le poing, mais qu'il ne vienne pas chasser sur mes terres, ou gare au braconnier!

Bernard avait prononcé ces mots avec un tel accent de menace, que François le regarda tout effaré.

— Hein! fit-il, qu'as-tu donc?

— Approche! fit Bernard.

Le jeune homme obéit.

Bernard enveloppa de son bras droit le cou de son camarade, et lui mettant, de la main gauche, la lettre de Chollet devant les yeux :

— Que dis-tu de cette lettre? demanda-t-il.

François regarda Bernard d'abord, puis la lettre, puis enfin il lut :

« Chère Catherine!...

— Oh! oh! fit-il en s'interrompant, la cousine?

— Oui, dit Bernard.

— Eh bien! mais il me semble que cela ne lui écorcherait pas la bouche de l'appeler mademoiselle Catherine, comme tout le monde!

— Oui, d'abord... mais attends, tu n'es pas au bout!

François continua, commençant à comprendre de quoi il s'agissait :

« Chère Catherine, j'apprends que vous allez revenir, après dix-huit mois d'absence pendant lesquels je vous ai vue à peine, dans mes courts voyages à Paris, sans pouvoir parvenir à vous parler. Il est inutile de vous dire que pendant ces dix-huit mois votre charmant minois m'a constamment trotté dans la tête, et que je n'ai, nuit et jour, pensé qu'à vous. Comme j'ai hâte de vous répéter de vive voix ce que je vous écris, j'irai à votre rencontre jusqu'à Gondreville; j'espère que je vous trouverai plus raisonnable à votre retour que vous ne l'étiez à votre départ, et que l'air de Paris vous aura fait oublier ce rustre de Bernard Watrin.

» Votre adorateur pour la vie,

» LOUIS CHOLLET. »

— Oh! oh! fit François, il a écrit ça le Parisien?

— Heureusement!... « Ce rustre de Bernard Watrin! » Tu vois!

— Ah ça! mais... et mademoiselle Catherine?

— Oui, comme tu dis, François; et mademoiselle Catherine?

— Crois-tu donc qu'il soit allé à sa rencontre?

— Pourquoi pas? Ces gens de la ville, ça ne doute de rien! Et puis, à quoi bon se gêner pour un rustre comme moi?

— Mais, enfin, toi?

— Moi! Après?

— Dame! écoute, tu sais comment tu es avec mademoiselle Catherine, peut-être.

— Je le savais avant son départ, mais, depuis dix-huit mois qu'elle est à Paris, qui sait?

— Mais tu as été la voir?

— Deux fois, et il y a huit mois que je ne l'ai vue... En huit mois, il passe tant de choses dans la tête d'une jeune fille!

— Allons donc, fi! une mauvaise idée! s'écria François; eh bien! moi, je connais mademoiselle Catherine, et je réponds d'elle!

— François, François, la meilleure femme est, sinon fausse, au moins coquette... Ces dix-huit mois de Paris... Ah!

— Et moi je te dis que tu vas retrouver au retour comme tu l'as quittée au départ, bonne et brave !

— Oh ! si elle monte dans son tilbury, vois-tu ! s'écria Bernard avec un geste de suprême menace.

— Eh bien ! quoi ? demanda François effrayé.

— Ces deux balles, dit Bernard en tirant de sa poche les deux balles sur lesquelles il avait fait une croix avec le couteau de Mathieu, ces deux balles à mon chiffre, que j'avais marquées à l'intention du sanglier...

— Eh bien !

— Eh bien ! il y en aura une pour lui et l'autre pour moi !

Il coula les deux balles dans le canon de son fusil, et, les assurant avec deux bourres :

— Viens, François ! dit-il.

— Eh ! Bernard, Bernard, fit le jeune homme en se raidissant pour résister.

— Je te dis de venir, François, s'écria Bernard avec violence ; viens donc !

Et il l'entraîna ; mais il s'arrêta tout à coup : entre lui et la porte, il venait de rencontrer sa mère.

— Ma mère ! murmura Bernard...

— Bon ! la vieille ! dit François se frottant les mains dans l'espoir que la présence de sa mère changerait quelque chose aux terribles dispositions de Bernard.

La bonne femme entrait, le visage souriant, et tenant à la main une tasse de café posée sur une assiette, avec l'accompagnement obligé de deux rôties.

Elle n'eut besoin que de jeter un regard sur son fils pour comprendre, avec l'instinct d'une mère, qu'il se passait quelque chose d'extraordinaire en lui.

Cependant, elle n'en fit rien paraître, et, avec son sourire habituel :

— Bien le bonjour, mon enfant ! dit-elle.

— Bien merci, ma mère ! répondit Bernard.

Il fit un mouvement pour sortir, mais elle le retint.

— Comment as-tu dormi, garçon ? demanda-t-elle.

— A merveille !

Puis, voyant que Bernard continuait de s'avancer vers la porte :

— Tu t'en vas déjà ? dit-elle.

— Ils m'attendent là-bas, au Saut-du-Cerf, et François vient me chercher.

— Oh ! ça ne presse pas, dit François ; ils attendront ! Dix minutes de plus ou de moins ne font rien à l'affaire.

Mais Bernard s'avançait toujours.

— Un instant donc ! reprit la mère Watrin ; à peine si je t'ai dit bonjour, et je ne t'ai point embrassé !

Puis, jetant un coup d'œil sur le ciel :

— On dirait que le temps est sombre, aujourd'hui !

— Bah ! fit Bernard, il s'éclaircira... Adieu, ma mère !

— Attends !

— Quoi ?

— Prends donc quelque chose avant de sortir.

Et elle tendit au jeune homme la tasse de café qu'elle venait de préparer pour elle-même.

— Merci ! ma mère : je n'ai pas faim, dit Bernard.

— C'est de ce bon café que tu aimes tant, et Catherine aussi, insista la vieille ; bois !

Bernard secoua la tête.

— Non !... Eh bien ! trempes-y tes lèvres seulement... Il me semblera meilleur quand tu y auras goûté.

— Pauvre chère mère ! murmura Bernard.

Et, prenant la tasse, il y trempa ses lèvres, et la reposa sur l'assiette.

— Merci ! dit-il.

— On dirait que tu trembles, Bernard ? demanda la vieille de plus en plus inquiète.

— Non, au contraire, je n'ai jamais eu la main si sûre !... Voyez plutôt.

Et, par ce geste habituel aux chasseurs, il jeta son fusil de la main droite dans la main gauche.

Puis, comme pour rompre la chaîne dont il commençait à se sentir enlacé :

— Allons, allons, dit-il, adieu ! pour cette fois, ma mère, il faut que je m'en aille.

— Eh bien ! oui, va-t-en, puisque tu veux absolument t'en aller ; mais reviens vite : tu sais que Catherine arrive ce matin.

— Oui, je le sais, dit le jeune homme avec un accent impossible à rendre ; viens, François !

Et Bernard s'élança pour sortir ; mais, sur le seuil même de la porte, il rencontra Guillaume.

— Bon ! mon père, à présent ! dit-il en reculant d'un pas.

Le père Guillaume revenait, sa pipe à la bouche, comme il était parti ; seulement, son petit œil gris brillait d'une satisfaction visible.

Il ne vit pas même Bernard, ou ne fit pas semblant de le voir, et, s'adressant à François :

— Bravo ! garçon ! bravo ! dit-il ; tu sais que je ne suis pas complimenteur, moi ?

— Non, il s'en faut ! dit François, ne pouvant, si préoccupé qu'il fût, comprimer un sourire.

— Eh bien ! reprit le vieux garde, bravo !

— Ah ! ah ! s'écria François, tout est donc comme je vous ai dit ?

— Tout !

Bernard fit de nouveau un mouvement pour sortir, profitant de ce que son père paraissait ne point faire attention à lui ; mais François l'arrêta.

— Voyons ! écoute donc un peu, Bernard, dit-il : il s'agit du sanglier...

— Des sangliers, tu veux dire ! répéta Guillaume.

— Oui.

— Eh bien ! ils sont là couchés, comme tu l'as dit, dans le roncier des Têtes-de-Salmon... couchés côte à côte, la laie pleine à crever, lui blessé à l'épaule, un ragot de six ans... on dirait que tu l'as pesé ! Je les ai vus tous les deux comme je vous vois, toi et Bernard. Si ça n'avait pas été de peur que les autres ne disent : « Ah ! c'est pour ça que vous nous avez dérangés, père Guillaume ? » parole d'honneur ! sans aller plus loin, je leur faisais leur affaire !

— Alors, dit Bernard, vous voyez bien qu'il ne faut pas perdre de temps... Adieu ! père.

— Mon enfant ! dit la mère Watrin, ne t'expose pas, surtout !

Le vieux garde regarda sa femme avec ce rire silencieux qui semblait ne pouvoir passer entre ses dents serrées.

— Bon ! dit-il, si tu veux aller tuer le sanglier à sa place, la mère, lui restera ici pour faire la cuisine.

Puis, se retournant et posant dans la cheminée son fusil, tout cela avec un mouvement d'épaules qui n'appartenait qu'à lui :

— Si ça ne fait pas suer, dit-il, une femme de garde !

Bernard, pendant ce temps, s'était approché de François.

— François, dit-il, tu m'excuseras près des autres, n'est-ce pas ?

— Pourquoi ?

— Parce que, au premier tournant, je te quitte.

— Oui dà !

— Vous allez au roncier des Têtes-de-Salmon, vous autres ?

— Oui.

— Eh bien ! moi, je vais aux bruyères de Gondreville... Chacun son gibier.

— Bernard ! s'écria François en saisissant le jeune homme par le bras.

— Allons, assez ! dit Bernard, je suis majeur et libre de faire ce que je veux.

Puis, sentant qu'une main se posait sur son épaule, et voyant que cette main était celle de Guillaume :

— Plaît-il, mon père ? demanda-t-il.

— Ton fusil est chargé ?

— Un peu !

— A balle franche, comme il convient à un joli tireur

— A balle franche.

— Alors, tu comprends, au défaut de l'épaule!

— Je connais la place, merci! répondit Bernard.

Et tendant la main au vieux garde :

— Une poignée de main, mon père?

Puis s'avançant vers Marianne :

— Et vous, ma mère, ajouta-t-il, embrassez-moi?

Et après avoir serré la bonne femme dans ses bras :

— Adieu! s'écria-t-il, adieu!

Et il s'élança hors de la maison, tandis que Guillaume, regardant sa femme, lui demandait avec une certaine inquiétude :

— Dis donc, la mère, qu'a-t-il ce matin, ton fils? il me semble tout chose!

— Et à moi aussi! s'écria vivement la bonne femme. Tu devrais le rappeler, vieux!

— Bah! pourquoi faire? répondit Guillaume; pour savoir s'il n'a pas fait de mauvais rêves?

Alors, s'avançant jusque sur le seuil, sa pipe à la bouche et les mains dans ses poches :

— Eh! Bernard! tu entends! cria-t-il, au défaut de l'épaule!

Mais Bernard avait déjà quitté François, qui, seul, continuait de marcher dans la direction du Saut-du-Cerf.

Une voix, qui était celle du jeune homme, ne répondit pas moins, traversant l'espace avec un accent qui fit frissonner le vieux :

— Oui, mon père! On sait, Dieu merci! où se loge une balle. Soyez tranquille!

— Dieu protége le pauvre enfant! murmura Marianne en faisant un signe de croix.

VIII

LE PÈRE ET LA MÈRE.

Restés seuls, Guillaume et Marianne se regardèrent.

Puis, se parlant à lui-même comme si en pareille circonstance la présence de sa femme ne pouvait apporter aucun éclaircissement dans la question qu'il se posait :

— Que diable va donc faire Bernard du côté de la ville? demanda Guillaume.

— Du côté de la ville! dit Marianne; va-t-il du côté de la ville?

— Oui. Il a même pris le plus court, c'est-à-dire que, au lieu de suivre la route, il a coupé à travers la forêt.

— A travers la forêt, tu es sûr?

— Parbleu! voilà les autres qui entrent dans la laie des fonds Houchard, et Bernard n'est pas avec eux... Eh! les autres!

Le père Guillaume fit un mouvement, moitié pour appeler à lui les forestiers, moitié pour aller à eux, mais sa femme l'arrêta.

— Reste, dit-elle, vieux; j'ai à te parler.

Guillaume la regarda de côté; Marianne fit de la tête un signe confirmatif.

— Bon! s'écria-t-il, si l'on t'écoutait, tu as toujours quelque chose à dire, toi!... Seulement, c'est à savoir si ce que tu as à dire vaut la peine d'être écouté.

Et il s'apprêta de nouveau à sortir pour s'informer près de François ou de ses compagnons de la cause qui éloignait d'eux Bernard.

Mais Marianne l'arrêta une seconde fois.

— Eh! reste donc! fit-elle, puisqu'on te dit de rester.

Guillaume resta, mais avec une impatience visible.

— Voyons, dit-il, que me veux-tu? parle vite!

— Eh! patience donc! avec toi, il faudrait avoir fini avant d'avoir commencé!

— Oh! reprit Guillaume en riant du coin de la lèvre

qui ne serrait point sa pipe, c'est que toi, on sait quand tu commences, mais pas quand tu finis!

— Moi?

— Oui... Tu commences par Louchonneau, et tu finis par le Grand-Turc!

— Eh bien! cette fois, je commencerai et je finirai par Bernard!... Es-tu content?

— Va toujours! dit Guillaume en croisant ses bras avec résignation, et je te dirai ça après.

— Eh bien! voilà!... Tu as dit toi-même que Bernard était allé du côté de la ville?

— Oui.

— Qu'il avait même coupé à travers la forêt pour prendre le plus court?

— Après?

— Enfin, qu'il n'était point remonté avec les autres du côté des Têtes de Salmon?

— Non... Eh bien! sais-tu où il est allé, toi! Si tu le sais, dis-le, et que la chose soit finie... Tu le vois, je t'écoute... si tu ne le sais pas, ce n'est pas la peine de me retenir!

— Tu remarqueras que c'est toi qui parles, et non pas moi!

— Je me tais, dit Guillaume.

— Eh bien! reprit la mère, il est allé à la ville...

— Pour rencontrer plus vite Catherine? La belle malice! Si ce sont là tes nouvelles, garde-les pour l'almanach de l'an passé.

— Voilà ce qui te trompe, c'est qu'il n'est point allé à la ville pour rencontrer plus vite Catherine!

— Ah! et pour qui donc est-il allé à la ville?

— Il est allé à la ville pour mademoiselle Euphrosine.

— La fille du marchand de bois, la fille du maire, la fille de monsieur Raisin? Allons donc!

— Oui, pour la fille du marchand de bois; oui, pour la fille du maire; oui, pour la fille de monsieur Raisin!

— Tais-toi!

— Pourquoi ça?

— Tais-toi!

— Enfin...

— Mais tais-toi donc!

— Ah! je n'ai jamais vu un homme pareil! s'écria la mère Watrin en levant les bras au ciel d'une façon désespérée. Je fais ceci d'une façon : j'ai tort! Je le fais d'une autre : j'ai tort! Je parle : silence! j'aurais dû me taire! Je me tais : bien! j'aurais dû parler!... Mais Seigneur du bon Dieu! pourquoi donc a-t-on une langue, si ce n'est pour dire ce que l'on a sur le cœur?

— Mais il me semble, répondit le père Guillaume regardant sa femme d'un air narquois, que tu ne te prives pas de la faire aller, ta langue!

Et Guillaume, comme s'il eût su ce qu'il voulait savoir, se mit à bourrer sa pipe, tout en sifflotant un petit air de chasse qui avait pour but d'inviter poliment sa femme à laisser la conversation s'arrêter là.

Mais Marianne était de plus dure résistance.

— Eh bien! continua-t-elle, si je te disais, moi, que c'est la jeune fille elle-même qui m'a parlé de ça la première.

— Quand? demanda laconiquement Guillaume.

— Dimanche dernier, en sortant de la messe, ah!

— Que t'a-t-elle dit?

— Elle m'a dit... Veux-tu m'écouter, oui ou non?

— Eh! je t'écoute!

— Elle m'a dit : « Savez-vous, madame Watrin, que monsieur Bernard est un garçon fort entreprenant? »

— Lui, Bernard?

— Je te dis ce qu'elle a dit... « Quand je passe, il me regarde, oh! mais que, si je n'avais pas un éventail, je ne saurais que faire de mes yeux. »

— T'a-t-elle dit que Bernard lui eût parlé?

— Non, elle ne m'a pas dit ça.

— Eh bien!

— Attendons! Es-tu pressé, mon Dieu!... Mais elle a

ajouté : « Madame Watrin, nous irons vous faire une visite un de ces jours avec mon frère; mais tâchez que monsieur Bernard ne soit point là, je serais trop embarrassée, car, de mon côté, je le trouve très bien, votre fils! »

— Oui, dit Guillaume en haussant les épaules, et ça te fait plaisir, à toi? Ça a caressé ton amour-propre, qu'une belle demoiselle de la ville, la fille du maire, te dit qu'elle trouvait Bernard joli garçon?

— Mais sans doute!

— Et voilà que ta tête a battu la campagne, et que ton imagination a fait toutes sortes de plans là-dessus!

— Pourquoi pas?

— Et tu as vu Bernard gendre de monsieur le maire!

— Dame! s'il épousait sa fille...

— Tiens, dit Guillaume ôtant sa casquette d'une main et saisissant de l'autre une poignée de ses cheveux gris comme s'il voulait les arracher; tiens, vois-tu, j'ai connu des bécasses, des oies, des grues qui étaient plus malignes que toi!... Oh! mon Dieu! mon Dieu! si ça ne fait pas mal d'entendre dire des choses pareilles! Enfin, n'importe! puisque je suis condamné à ça, faisons notre temps.

— Cependant, continua la mère, exactement comme si Guillaume n'eût rien dit, si j'ajoutais que monsieur Raisin lui-même m'a arrêtée, pas plus tard qu'hier, comme je revenais de faire mon marché, et m'a dit : « Madame Watrin, j'ai entendu parler de vos gibelottes, et j'irai un jour, sans façon, en manger avec vous et le père Guillaume. »

— Mais tu ne vois donc pas le motif de tout ça? s'écria le vieux, tirant, ainsi que c'était son habitude quand il s'échauffait, des bouffées de fumée de sa pipe, et commençant à disparaître, comme Jupiter Tonnant, dans un nuage de vapeur.

— Non, répondit Marianne, ne comprenant pas que l'on pût voir dans les paroles qu'il avait rapportées autre chose que ce qu'elles semblaient dire.

— Eh bien! je vais te l'expliquer, moi.

Et l'explication devant être longue, comme dans toutes les circonstances solennelles, le père Guillaume ôta sa pipe de sa bouche, passa sa main derrière son dos, et, les dents plus serrées encore que d'habitude :

— C'est un malin, vois-tu, que monsieur le maire, moitié Normand, moitié Picard, qui a de l'honnêteté tout juste ce qu'il en faut pour ne pas être pendu. Eh bien! il espère qu'en te faisant parler de ton fils par sa fille, en parlant lui-même de tes gibelottes, tu me tireras mon bonnet de coton jusque sur les yeux, de sorte que, s'il met à terre quelque hêtre, ou s'il abat quelque chêne qui ne soit pas de son lot, je n'y ferai point attention.... Ah! mais pas de ça, monsieur le maire! Coupez les foins de votre commune pour nourrir vos chevaux, ça ne me regarde pas; vous aurez beau me faire tous les complimens que vous voudrez, vous n'abattrez pas dans votre lot un soliveau de plus qu'il ne vous en a été vendu!

Sans être vaincue, Marianne fit un mouvement de tête qui signifiait qu'il pouvait bien y avoir, au bout du compte, quelque chose de vrai dans ce que le vieux disait là.

— Soit! n'en parlons plus, alors, fit-elle avec un soupir; mais tu ne nieras pas, au moins, que le Parisien ne soit amoureux de Catherine?

— Allons! s'écria Guillaume faisant un geste comme pour briser sa pipe contre terre, voilà que nous tombons de fièvre en chaud mal!

— Pourquoi ça? demanda la mère.

— As-tu fini?

— Non.

— Tiens, fit Guillaume en mettant la main à son gousset, je t'achète un petit écu ce qui te reste à dire.... à la condition que tu ne le diras pas!

— Enfin, as-tu quelque chose contre lui?

Guillaume tira de sa poche la pièce de monnaie.

— Le marché est-il fait? demanda-t-il.

— Un beau garçon! poursuivit la vieille avec cet enté-

tement dont François, en buvant à sa santé, lui avait souhaité de se corriger.

— Trop beau! répondit Guillaume.

— Riche! insista Marianne.

— Trop riche!

— Galant!

— Trop galant, morbleu! trop galant! Il pourrait lui en coûter le bout de ses oreilles, sinon ses oreilles tout entières, pour sa galanterie!

— Je ne te comprends pas.

— N'importe! ça m'est bien égal : du moment où je me comprends, ça me suffit.

— Conviens, au moins, dit Marianne en se retournant, que ce serait un beau parti pour Catherine.

— Pour Catherine? reprit le père; d'abord, rien n'est trop beau pour Catherine!

La vieille fit un mouvement de tête presque dédaigneux.

— Elle n'est cependant pas d'une défaite facile! dit-elle.

— Bon! voilà que tu vas dire qu'elle n'est pas belle?

— Jésus! s'écria la mère, elle est belle comme le jour!

— Qu'elle n'est pas sage?

— La Sainte-Vierge n'est pas plus pure qu'elle!

— Qu'elle n'est pas riche?

— Dame! avec la permission de Bernard, elle aura la moitié de ce que nous avons.

— Oh! dit Guillaume riant de son rire silencieux, et tu peux être tranquille, Bernard ne refusera pas la permission!

— Non, dit la vieille secouant la tête, ce n'est point tout ça.

— Qu'est-ce que c'est donc, alors?

— C'est l'histoire de la religion, dit Marianne avec un soupir.

— Ah! oui, parce que Catherine est protestante comme son pauvre père.... La même chanson, toujours!

— Dame! il n'y a pas beaucoup de gens qui verront avec plaisir entrer une hérétique dans leur famille.

— Une hérétique comme Catherine? Alors, moi, je suis tout le contraire des autres : je remercie chaque matin le bon Dieu qu'elle soit de la nôtre!

— Il n'y a pas de différence entre les hérétiques! continua Marianne avec une assurance qui eût fait honneur à un théologien du seizième siècle.

— Ah! tu sais ça, toi?

— Dans son dernier sermon, que j'ai entendu, monseigneur l'évêque de Soissons a dit que tous les hérétiques étaient damnés!

— Eh! je me moque de ce que dit l'évêque de Soissons comme de la cendre de ce tabac, dit Guillaume en cognant, pour le vider, son brûle-gueule sur l'ongle de son pouce. Est-ce que l'abbé Grégoire ne nous dit pas, lui, non-seulement dans son dernier sermon, mais encore dans tous ses sermons, que les bons cœurs sont élus?

— Oui, reprit la vieille avec acharnement, mais l'évêque en doit savoir plus que lui, puisqu'il est évêque, et que l'abbé Grégoire n'est qu'abbé!

— Ah! dit Guillaume, qui, pendant ce temps, ayant débourré et rebourré sa pipe, paraissait désireux de la fumer tranquille; et maintenant, as-tu dit tout ce que tu avais à dire?

— Oui, quoique ça n'empêche pas que je n'aime Catherine, vois-tu.

— Je le sais.

— Comme ma propre fille!

— Je n'en doute pas.

— Et que celui qui viendrait me dire du mal d'elle, ou qui essaierait de lui faire le moindre déplaisir, serait mal venu de moi!

— Bravo!... maintenant, un conseil, la mère!

— Lequel?

— Tu as assez parlé.

— Moi ?

— Oui, c'est mon avis.... Eh bien ! ne parle plus que je ne te questionne.... ou, mille millions de sacrements!...

— C'est parce que j'aime Catherine comme j'aime Bernard justement que j'ai fait ce que j'ai fait, continua la vieille, qui paraissait avoir, comme madame de Sévigné, gardé pour le *post-scriptum* ce qu'elle avait de plus intéressant à dire.

— Ah ! morbleu ! s'écria Guillaume presque effrayé, voilà que tu ne t'es pas contenté de dire voilà que tu as fait,... Eh bien ! voyons un peu ce que tu as fait ?

Et Guillaume, réintégrant sa pipe, non allumée, mais bourrée jusqu'à la gueule, dans l'arcade dentaire qui lui servait de tenailles, se croisa les bras et attendit.

— Parce que, si Bernard pouvait épouser mademoiselle Euphrosine, et le Parisien Catherine...., continua la vieille, coupant, avec une science oratoire dont on l'eût crue incapable, la phrase sur un sens suspendu.

— Voyons, qu'as-tu fait? demanda Guillaume, qui semblait décidé à ne pas se laisser surprendre par les artifices du langage.

— Ce jour-là, continua Marianne, le père Guillaume serait forcé de reconnaître que je ne suis pas une bécasse, une oie sauvage, une grue !

— Oh ! quant à ça, je le reconnais tout de suite ; les bécasses, les oies sauvages et les grues sont des oiseaux de passage, tandis qu'il y a vingt-six ans que tu me fais enrager, printemps, été, automne et hiver!,.. Voyons, accouche ! Qu'as-tu fait?

— J'ai dit à monsieur le maire, qui me complimentait sur mes gibelottes : « Eh bien ! monsieur le maire, c'est demain double fête à la fête de Corcy, de la paroisse duquel nous relevons; fête pour le retour de ma nièce Catherine...., Venez donc manger une gibelotte à la maison, avec mademoiselle Euphrosine et monsieur Louis Chollet; et, après le dîner, eh bien ! s'il fait beau, nous irons tous ensemble faire un tour à la fête. »

— Ce qu'il a accepté, n'est-ce pas ? dit Guillaume avec une crispation de mâchoires qui fit craquer le tuyau de son brûle-gueule et le diminua de deux centimètres.

— Sans fierté !

— Oh ! vieille cigogne ! s'écria le garde chef avec désespoir ; elle sait que je ne peux pas le voir, son maire; elle sait que je ne peux pas la sentir, sa bégueule d'Euphrosine ; elle sait que je l'évente d'une lieue, son Parisien ! Eh bien ! elle les invite à dîner chez moi ! Quand cela ? un jour de fête !

— Enfin, dit la vieille, enchantée d'avoir avoué le méfait qui lui pesait sur le cœur, ils sont invités.

— Oui, ils sont invités ! dit Guillaume rageant.

— On ne peut pas les désinviter, n'est-ce pas ?

— Non, par malheur ! Mais je sais quelqu'un qui digérera mal son dîner, ou plutôt qui ne le digérera pas du tout.... Adieu !

— Où vas-tu ? s'écria la vieille.

— J'ai entendu le fusil de François ; je vas voir si le sanglier est mort.

— Vieux! fit Marianne d'un air suppliant.

— Non !

— Si j'ai eu tort...

Et la pauvre bonne femme joignit les mains.

— Tu as eu tort!

— Pardonne-moi, Guillaume, j'ai agi dans une bonne intention.

— Dans une bonne intention ?

— Oui.

— De bonnes intentions, l'enfer en est pavé !

— Écoute donc !

— Laisse-moi tranquille, ou,..

Et Guillaume leva la main.

— Oh! dit Marianne résolue, ça m'est bien égal! je ne veux pas que tu sortes ainsi ; je ne veux pas que tu me quittes en colère; vieux, à notre âge surtout, quand on se sépare, Dieu sait si l'on se revoit.

Et deux grosses larmes roulèrent sur les joues de Marianne.

Guillaume vit ces larmes. Les larmes étaient rares dans la maison du vieux garde chef! Il haussa les épaules, et, faisant un pas vers sa femme :

— Grosse bête, avec ta colère ! dit-il ; je suis en colère contre le maire, et non contre ma vieille!

— Ah ! dit la mère.

— Voyons, embrasse-moi, radoteuse? continua Guillaume en serrant sa vieille compagne sur sa poitrine, mais en levant la tête pour ne pas compromettre son brûle-gueule.

— C'est égal, murmura Marianne, qui, rassurée quant au fond, n'était pas fâchée d'épiloguer un peu sur le détail, tu m'as appelée vieille cigogne !

— Eh bien ! après ? dit Guillaume; est-ce que la cigogne n'est pas un oiseau de bon augure? Est-ce qu'elle ne porte pas bonheur aux maisons où elle fait son nid?... Eh bien! tu as fait ton nid dans cette maison, et tu lui portes bonheur; voilà ce que je voulais dire.

— Tiens! qu'est-ce que c'est que ça ?

En effet, le bruit d'une carriole, qui quittait le pavé de la route pour venir s'arrêter devant la porte de la Maison-Neuve, distrayait l'oreille du vieux garde, en même temps que se faisait entendre une jeune et joyeuse voix qui criait :

— Papa Guillaume ! maman Marianne ! c'est moi ! me voilà !

Et, à ces mots, une belle jeune fille de dix-neuf ans s'élançait du marchepied de la carriole, et retombait sur le seuil de la maison.

— Catherine!... s'écrièrent ensemble le garde chef et sa femme en s'avançant vers la nouvelle venue et lui tendant les bras.

IX

LE RETOUR.

C'était, en effet, Catherine Blum qui arrivait de Paris.

Ainsi que nous venons de le dire, Catherine était une belle jeune fille de dix-neuf ans, svelte et gracieuse comme un roseau, avec ce type de la douceur allemande empreint dans toute sa personne.

Ses cheveux blonds, ses yeux bleus, ses lèvres roses, ses dents blanches, le velouté de ses joues, en faisaient une de ces nymphes bocagères que les Grecs appelaient Glycère ou Aglaé.

Des quatre bras qui lui étaient ouverts, ceux qu'elle choisit les premiers furent les bras du père Guillaume; sans doute avait-elle compris que là était pour elle la sympathie la plus complète.

Puis, Marianne fut embrassée à son tour.

Pendant que la jeune fille embrassait sa mère adoptive, le père Guillaume regardait autour de lui; il lui semblait impossible que Bernard ne fût point là puisque Catherine y était.

Il y eut un premier moment pendant lequel on n'entendit que ces mots entrecoupés qui échappent aux émotions réelles.

Mais, presque aussitôt, d'autres cris mêlés de fanfares se firent entendre : c'étaient François et ses camarades qui revenaient vainqueurs de cet autre sanglier de Calydon.

Le vieux garde balança un instant entre le désir d'embrasser une seconde fois sa nièce ou de lui demander de ses nouvelles, et la curiosité de voir l'animal, les cris et les fanfares ne lui permettant pas de douter que celui-ci ne fût sur le chemin du saloir.

Mais, juste au moment où, dans son hésitation, le père

Guillaume penchait vers le sanglier, les chasseurs apparurent sur le seuil, et entrèrent portant la bête suspendue à un baliveau par ses quatre pattes liées.

Cette apparition fit une diversion momentanée à l'arrivée de Catherine, de la part de Guillaume et de Marianne, tandis que, au contraire, à la vue de la jeune fille, les chasseurs poussèrent un hourra en son honneur.

Mais, il faut le dire, le premier mouvement de curiosité passé, lorsque Guillaume eut examiné l'ancienne et la nouvelle blessure, lorsqu'il eut félicité François qu'il croyait avoir assez fait pour la société en tuant le sanglier, et que, à soixante pas, avait roulé le vieux sanglier comme un lapin; lorsque, enfin, il eut recommandé de mettre à part la fressure, et invité chaque garde à prendre, dans d'équitables proportions, une part de la bête, toute l'attention du garde chef se reporta sur la nouvelle arrivante.

De son côté, François, enchanté de revoir Catherine, qu'il aimait de tout son cœur, et surtout de la revoir souriante, preuve certaine que rien de fâcheux n'était arrivé, de son côté, disons-nous, François déclara qu'il croyait avoir assez fait pour la société en tuant le sanglier, et, afin de consacrer tout son temps à mademoiselle Catherine, il laissait à ses camarades le soin de dépecer la mort.

Il en résulta que la conversation, à peine engagée à l'arrivée de Catherine, reprit, dix minutes après cette arrivée, avec une volubilité que rendait plus bruyante la somme de curiosité qui s'était amassée pendant ces dix minutes.

Au reste, ce fut le père Guillaume qui remit un peu d'ordre dans l'interrogatoire.

Il s'était aperçu que Catherine arrivait, non pas par la route, mais par la laie de Fleury.

— Comment arrives-tu de si bonne heure et par la route de la Ferté-Milon, chère enfant? lui demanda-t-il.

François dressa l'oreille à cette question : elle lui apprenait une chose qu'il ignorait, c'est que Catherine n'était pas venue par la route de Gondreville.

— Oui, répéta Marianne, comment viens-tu par là, et arrives-tu à sept heures du matin au lieu d'arriver à dix?

— Je vais vous dire cela, père chéri; je vais vous dire cela, bonne mère, répondit la jeune fille. C'est que, au lieu de venir par la diligence de Villers-Cotterets, je suis venue par celle de Meaux et de la Ferté-Milon, qui part à cinq heures de Paris, au lieu de partir à dix comme l'autre.

— Ah! bon! murmura François avec une satisfaction visible, il en aura été pour ses frais de tilbury, le Parisien!

— Et pourquoi as-tu pris ce chemin-là? demanda Guillaume, qui n'admettait pas qu'on quittât la ligne droite pour la ligne courbe, et que l'on fît quatre lieues de trop sans nécessité.

— Mais, dit Catherine en rougissant de son mensonge, si innocent qu'il fût, parce qu'il n'y avait pas de place à la diligence de Villers-Cotterets.

— Oui, dit François à voix basse, et une idée dont il te remerciera Bernard, bel ange du bon Dieu!

— Mais regarde-la donc! s'écria la mère Watrin passant de l'ensemble au détail; elle est grandie de toute la tête!

— Et pourquoi pas du cou avec? dit Guillaume en haussant les épaules.

— Oh! d'ailleurs, insista la mère Watrin avec cet entêtement si naturel à son caractère qu'elle l'appliquait aux petites comme aux grandes choses, c'est bien facile à vérifier : quand elle est partie, je l'ai mesurée... la marque est contre le chambranle de la porte... Tiens, la voilà! je la regardais tous les jours... Viens voir, Catherine!

— Nous n'avons donc pas oublié le pauvre vieux? dit Guillaume retenant Catherine pour l'embrasser.

— Oh! pouvez-vous demander cela, père chéri? s'écria la jeune fille.

— Mais viens donc voir ta marque, Catherine! insista la vieille.

— Ah ça! dit Guillaume en frappant du pied, te tairas-tu, là-bas, avec tes bêtises?

— Ah bien! oui, murmura François, qui connaissait par cœur la mère Watrin, prenez garde qu'elle se taise!

— Suis-je donc en effet si fort grandie? demanda Catherine au père Guillaume.

— Viens à la porte, et tu verras, dit la mère Watrin.

— Satanée entêtée! s'écria le vieux garde chef, elle n'en démordra pas!... Allons, vas-y, à la porte, Catherine, ou nous n'aurons pas la paix de toute la journée!

Catherine alla à la porte en souriant, et se plaça contre *sa marque*, qui disparut derrière le haut de sa tête.

— Eh bien! quand je disais, s'écria la mère Watrin triomphante; plus d'un pouce!

— Ça ne fait pas tout à fait la tête, mais n'importe!

Et, comme Catherine, heureuse d'avoir donné satisfaction à sa tante, revenait près de Guillaume :

— Alors, tu as voyagé toute la nuit? lui demanda celui-ci.

— Toute la nuit, oui, père! répondit la jeune fille.

— Oh! mais, dans ce cas, s'écria Marianne, pauvre enfant, tu dois être écrasée de fatigue! tu dois mourir de faim!... Que veux-tu? du café, du vin, un bouillon? Tiens, du café, ça vaudra mieux... je vas aller te le faire moi-même. Allons, bon.

La mère Watrin fouilla dans toutes ses poches.

— Où sont donc mes clefs?... Voilà que je ne sais plus ce que j'ai fait de mes clefs... Voilà que mes clefs sont perdues? Où donc ai-je mis mes clefs? Attends! attends!

— Mais quand je vous dis, chère mère, que je n'ai besoin de rien!

— Besoin de rien! après une nuit passée en diligence et et en carriole? Oh! si je savais seulement où sont mes clefs!

Et la mère Watrin retourna ses poches avec une espèce de fureur.

— Mais inutile! dit Catherine.

— Ah! voilà mes clefs! s'écria Marianne. Inutile? Je sais mieux ça que toi, peut-être : quand on voyage, et surtout la nuit, le matin, on a besoin de se refaire. La nuit n'est pas l'amie de personne! Avec ça qu'elles sont toujours fraîches, les nuits... Et rien de chaud encore sur l'estomac à huit heures du matin! Tu vas avoir ton café à la minute, mon enfant, je vas l'avoir.

Et la bonne vieille femme sortit tout courant.

— Enfin! dit Guillaume en l'accompagnant du regard, morbleu! elle a un fier moulin pour le moudre, son café, la mère, si c'est le même qui lui sert à moudre ses paroles.

— Oh! mon bon cher petit père! dit Catherine se laissant aller à sa tendresse pour le vieux garde chef sans craindre désormais d'éveiller la jalousie de sa femme, imaginez-vous que ce maudit postillon m'a gâté toute ma joie en allant au pas, et, en mettant trois heures pour venir de la Ferté-Milon ici!

— Et quelle joie voulais-tu donc te donner ou plutôt nous donner, chère petite?

— Je voulais arriver à six heures du matin, descendre à la cuisine sans rien dire, et, quand vous auriez crié : « Femme, mon déjeuner! » c'est moi qui l'eusse apporté, et qui vous eusse dit à la manière d'autrefois : « Le voici, petit père! »

— Oh! tu voulais faire cela, enfant du bon Dieu? dit le père Guillaume. Laisse-moi t'embrasser comme si tu l'eusses fait... Oh! l'animal de postillon! il ne faudra pas lui donner de pourboire!

— Je l'avais dit comme vous; mais, par malheur, c'est fait!

— Comment, c'est fait?

— Oui, quand j'ai vu la chère maison de ma jeunesse qui blanchissait le long de la grande route, j'ai tout oublié; j'ai tiré cent sous de ma poche, et j'ai dit à mon conducteur : « Tenez, voici pour vous, mon ami, et que Dieu vous bénisse! »

— Chère enfant! chère enfant!! chère enfant!!! s'écria Guillaume.

— Mais, dites-moi, père, fit Catherine, qui, depuis qu'elle était arrivée, avait cherché quelqu'un des yeux, et qui n'avait pas le courage de se contenter plus longtemps de cette muette et stérile investigation.

— Oui, n'est-ce pas? demanda Guillaume, comprenant la cause de l'inquiétude de la jeune fille.

— Il me semble... murmura Catherine.

— Que celui qui aurait dû être ici avant tous les autres y a manqué! dit il le père Guillaume.

— Bernard!

— Oui, mais sois tranquille, il était là tout à l'heure, et ne saurait être loin... Je vais courir jusqu'au Saut-du-Cerf; de là, je verrai à une demi-lieue sur la route, et, si je l'aperçois, je lui ferai signe.

— Alors, vous ne savez plus où il est?

— Non, dit Guillaume; mais, s'il est à un quart de lieue aux environs, il reconnaîtra ma manière de l'appeler.

Et le père Guillaume, qui ne concevait pas plus que Catherine que Bernard ne fût point là, sortit de la maison, et, de son pas le plus rapide, s'avança, comme il l'avait dit, vers le Saut-du-Cerf.

Restée seule avec François, Catherine s'approcha du jeune homme, qui, ainsi qu'on l'a vu, était demeuré à peu près silencieux pendant la scène précédente, et le regardant de manière à lire jusqu'au fond de son cœur, s'il essayait de lui cacher quelque chose.

— Et toi, François, lui demanda-t-elle, sais-tu où il est?

— Oui, répondit François des lèvres et de la tête tout à la fois.

— Eh bien! où est-il?

— Sur la route de Gondreville, dit François.

— Sur la route de Gondreville? s'écria Catherine. Mon Dieu!

— Oui, continua François en accentuant ses paroles pour leur donner toute l'importance qu'elles avaient réellement, il est allé au-devant de vous.

— Mon Dieu! répéta Catherine avec une émotion croissante, je vous remercie, c'est vous qui m'avez inspiré de revenir par la Ferté-Milon, au lieu de revenir par Villers-Cotterets?

— Chut! voici la mère qui rentre, dit François. Bon, elle a oublié son sucre!

— Tant mieux! s'écria Catherine.

Puis, jetant un regard sur la mère Watrin, qui, après avoir posé son café sur le rebord du buffet de noyer, s'éloignait rapidement pour aller, comme l'avait dit François, chercher son sucre, elle s'approcha du jeune homme, et, lui prenant la main :

— François, dit-elle, mon ami, une grâce!

— Une grâce? Dix, vingt, trente, quarante! A vos ordres, la nuit comme le jour!

— Eh bien! mon cher François, va au-devant de lui, et préviens-le que je suis arrivée par la route de la Ferté-Milon.

— Voilà tout? s'écria François.

Et il prit son élan pour sortir tout courant par la porte de la grande route.

Mais Catherine l'arrêta en souriant :

— Non, point par là! dit-elle.

— Vous avez raison, et c'est moi qui suis une bête! Père bougon me verrait, et il me demanderait : « Où vas-tu? »

Et, au lieu de sortir par la porte donnant sur la grande route, François sauta par la fenêtre donnant sur la forêt.

Il était temps : Marianne rentrait avec son sucre.

— Ah! dit François, ce coup-ci, voilà la mère!

Et, faisant un dernier signe à Catherine avant de disparaître sous les arbres :

— Soyez tranquille, dit-il, mademoiselle Catherine, je vous le ramène!

En effet, la mère Watrin rentrait, sucrait son café, comme elle eût fait pour un enfant, et, le présentant à Catherine :

— Tiens, prends-moi ton café, dit-elle; attends, il est trop chaud peut-être... je vais souffler dessus.

— Merci, maman! dit Catherine souriant et prenant la tasse; je vous assure que, depuis que je vous ai quittée, j'ai appris à souffler moi-même sur mon café.

Marianne regarda Catherine avec une tendresse mêlée d'admiration, en joignant les mains et en secouant joyeusement la tête.

Puis, après un instant de contemplation :

— Est-ce que ça t'a coûté beaucoup, de dire adieu à la grande ville?

Oh! mon Dieu, non! je n'y connais personne.

— Eh quoi! tu n'as pas regretté les beaux messieurs, les spectacles, les promenades?

— Je n'ai rien regretté, bonne mère.

— Tu n'aimais donc personne là-bas?

— Là bas?...

— A Paris?

— A Paris? Non, personne!

— Tant mieux! fit la vieille poursuivant son idée, si mal accueillie une heure auparavant par Guillaume, car j'ai, moi, une idée pour ton établissement.

— Pour mon établissement?

— Oui, tu sais, Bernard...

— Oh! bonne chère mère! s'écria Catherine toute joyeuse, et se trompant à ce début.

— Eh bien! Bernard...

— Bernard? répéta Catherine avec un commencement de crainte.

— Eh bien! continua la mère confidentiellement, Bernard aime mademoiselle Euphrosine!

Catherine jeta un cri, et, devenant affreusement pâle :

— Bernard, balbutia-t-elle d'une voix tremblante, Bernard aime mademoiselle Euphrosine?... Mon Dieu! mon Dieu! que me dites-vous là, maman?

Et, posant sur la table sa tasse de café à peine effleurée, elle tomba sur une chaise.

Quand la mère Watrin poursuivait une idée, elle avait la myopie volontaire des gens entêtés, c'est-à-dire qu'elle ne voyait que son idée.

— Oui, continua-t-elle, Bernard aime mademoiselle Euphrosine, et elle aussi, elle aime Bernard, si bien qu'il n'y a qu'à dire : « Je consens, » et ce sera une affaire faite!

Catherine passa avec un soupir son mouchoir sur son front ruisselant de sueur.

— Seulement, continua la mère, le vieux ne veut pas, lui.

— Ah! vraiment? murmura Catherine se reprenant en quelque sorte à la vie.

— Oui, il soutient que ce n'est pas vrai, que je suis aveugle comme une taupe, et que Bernard n'aime pas mademoiselle Euphrosine.

— Ah! fit Catherine respirant avec un peu plus de liberté.

— Oui, il soutient ça... il dit qu'il en est sûr.

— Mon cher oncle! murmura Catherine.

— Mais te voilà, Dieu merci! mon enfant, et tu m'aideras à le persuader.

— Moi?

— Et, quand tu te marieras, continua la mère en manière d'avis, tâche toujours de maintenir ton autorité sur ton mari, ou sinon, il t'arrivera ce qui m'arrive.

— Ce qui vous arrive?

— Oui, c'est-à-dire que tu ne compteras plus pour rien dans la maison.

— Ma mère, dit Catherine en levant les yeux au ciel avec une indicible expression de prière, à la fin de ma vie, je dirai que Dieu m'a comblée de bienfaits, s'il m'a donné une existence semblable à la vôtre.

— Oh! oh!

— Ne vous plaignez pas, mon Dieu! mon oncle vous aime tant!

— Certainement qu'il m'aime, répondit la vieille embarrassée; mais...

— Pas de *mais*, ma bonne tante! Vous l'aimez, il vous aime; le ciel a permis que vous fussiez unis : le bonheur de la vie est dans ces deux mots.

Et Catherine se leva et fit un pas vers l'escalier.

— Où vas-tu? demanda la mère.

— Je remonte dans ma petite chambre, dit Catherine.

— Ah! oui, c'est vrai, nous attendons du monde, et tu as te faire belle, coquette !

— Du monde?

— Oui... Monsieur Raisin, mademoiselle Euphrosine, monsieur Louis Chollet, le Parisien... Il me semble que tu le connais?

Et la mère accompagna cette dernière phrase d'un malin sourire en ajoutant :

— Fais-toi belle ! fais-toi belle! mon enfant !

Mais Catherine secoua tristement la tête.

— Oh! Dieu sait que ce n'est pas pour cela que je remonte, dit-elle.

— Et pourquoi remontes-tu donc?

— C'est que ma chambre donne sur la route par laquelle Bernard doit revenir, et que Bernard est le seul qui ne m'ait pas encore souhaité ma bienvenue dans cette chère maison.

Et Catherine monta lentement l'escalier rampant le long de la muraille, et dont les marches de bois craquaient sous ses pieds, si légers et si mignons qu'ils fussent.

Au moment où elle rentrait dans sa chambre, un long soupir sorti de son cœur vint frapper l'oreille de Marianne, qui, la regardant avec étonnement, sembla commencer dès lors seulement à entrevoir la vérité.

Sans doute la mère Watrin, dont l'esprit ne passait pas facilement d'une idée à une autre, fût restée absorbée dans la recherche du point lumineux qui naissait au fond de son cerveau, si une voix ne se fût fait entendre derrière elle.

— Eh! dites donc! mère Watrin! articulait cette voix.

Marianne se retourna et reconnut Mathieu, vêtu d'une méchante redingote qui avait la prétention d'avoir été autrefois une livrée.

— Ah! c'est toi, mauvais sujet? dit-elle.

— Merci! dit Mathieu en ôtant son chapeau sur lequel noircissait un vieux galon d'or faux; seulement, faites attention qu'à compter d'aujourd'hui je remplace le vieux Pierre, et suis au service de monsieur le maire : or, c'est insulter monsieur le maire que de m'insulter.

— Bon! voilà... Et que viens-tu faire?

— Je viens en coureur, — on n'a pas encore eu le temps de me faire dérater, voilà pourquoi je m'essouffle, — je viens en coureur vous annoncer que mademoiselle Euphrosine et son papa arrivent à l'instant même en calèche.

— En calèche? s'écria la vieille, tout éblouie de recevoir la visite de gens qui arrivaient en calèche.

— Oui, en calèche, rien que ça!

— Mon Dieu! s'écria la mère Watrin, et où sont-ils?

— Le papa et monsieur Guillaume causent ensemble de leurs affaires.

— Et mademoiselle Euphrosine?

— Tenez, dit Mathieu, la voilà !

Et, entrant dans son rôle de domestique :

— Mademoiselle Euphrosine Raisin, annonça-t-il, fille de monsieur le maire!

X

MADEMOISELLE EUPHROSINE RAISIN.

La jeune fille que précédait cette pompeuse annonce entra majestueusement dans la maison du vieux garde chef, n'ayant pas l'air de douter un instant du grand honneur qu'elle faisait à cette pauvre maison en franchissant son humble seuil.

Il était incontestable qu'elle était belle, mais de cette beauté peu sympathique qui est faite d'un mélange d'orgueil et de vulgarité pétris avec cette fraîcheur de la jeunesse que les jeunes gens du peuple intitulent si justement *la beauté du diable*.

Elle était mise avec cette exagération d'ornemens qui indique l'élégante provinciale.

Elle entra, jeta un regard autour d'elle, cherchant évidemment deux personnes absentes : Bernard et Catherine.

La mère Watrin demeura comme ravie de cette beauté solaire qui apparaissait, à neuf heures du matin, aussi parée qu'elle l'eût été, le soir, dans un bal, à la lumière de cinq cents bougies.

Puis, se précipitant sur une chaise qu'elle poussa du côté de la belle visiteuse :

— Oh! ma chère demoiselle, s'écria-t-elle.

— Bonjour, chère madame Watrin, répondit d'un air protecteur mademoiselle Euphrosine en faisant signe qu'elle resterait debout.

— Comment! c'est vous! continua la mère, vous dans notre pauvre petite maison!... Mais asseyez-vous donc... Dame! les chaises ne sont pas rembourrées comme chez vous. N'importe! asseyez-vous toujours, je vous en prie!... Et moi qui ne suis pas habillée! Dame! je ne m'attendais pas à vous voir si matin!

— Vous nous excuserez, répondit Euphrosine, ma chère madame Watrin, mais on est toujours pressé de voir les gens que l'on aime.

— Oh! vous êtes bien bonne!... En vérité, je suis toute confuse!

— Bah! dit mademoiselle Euphrosine en écartant sa mante et en laissant voir une toilette de cour, vous savez que je ne tiens pas à la cérémonie, et moi-même, vous voyez!

— Je vois, dit la mère Watrin éblouie, que vous êtes belle comme un ange et parée comme une châsse.... mais ce n'est point ma faute si je suis en retard : c'est que la fillette nous est arrivée ce matin de Paris.

— N'est-ce point de votre nièce, de la petite Catherine que vous voulez parler? demanda négligemment mademoiselle Euphrosine.

— Oui, d'elle-même... mais nous nous trompons en l'appelant, moi, *la fillette*, et vous *la petite Catherine* : c'est véritablement une grande fille, et qui a la tête de plus que moi!

— Ah! tant mieux! fit mademoiselle Euphrosine, je l'aime beaucoup votre nièce!

— Bien de l'honneur pour elle, mademoiselle! répondit la mère Watrin en faisant la révérence.

— Quel mauvais temps! continua la jeune citadine, en passant d'un sujet à un autre, comme il convenait à un esprit aussi élevé que le sien; comprenez-vous, pour un jour de mai!

Puis, en manière de phrase incidente :

— A propos, continua-t-elle, où est donc monsieur Bernard? A la chasse, probablement. N'ai-je pas entendu dire que l'inspecteur avait bien voulu vous accorder la permission de tuer un sanglier à l'occasion de la fête de Corcy?

— Oui, et aussi du retour de Catherine.

4

— Ah! vous croyez que l'inspecteur s'est inquiété de ce retour?

Et mademoiselle Euphrosine fit une petite moue qui voulait dire : « Il faut que son inspection ne l'occupe pas beaucoup pour qu'il ait le temps de songer à de pareilles niaiseries! »

La vieille sentit instinctivement le mauvais vouloir de mademoiselle Euphrosine, et se raccrochant au côté de la conversation qu'elle devinait lui être le plus agréable :

— Bernard, disiez-vous? Vous demandiez où est Bernard? En vérité, je n'en sais rien. Il devrait être ici, puisque vous y êtes... Sais-tu où il est, toi, Mathieu?

— Moi? répondit Mathieu; et comment voulez-vous que je sache ça?

— Mais il est sans doute près de sa cousine! dit aigrement mademoiselle Euphresine.

— Oh! non, non, non! fit vivement la vieille.

— Et... est-elle embellie, votre nièce? demanda mademoiselle Raisin.

— Ma nièce?

— Oui.

— Embellie?

— Je vous le demande.

— Elle est... elle est gentille, répondit la mère Watrin embarrassée.

— Je suis enchantée qu'elle soit revenue, continua mademoiselle Euphrosine reprenant ses airs protecteurs. Pourvu que Paris ne lui ait pas donné des habitudes au-dessus de sa position!

— Oh! non, il n'y a pas de danger! Vous savez qu'elle était à Paris pour y apprendre l'état de lingère et de faiseuse de modes?

— Et vous croyez qu'elle n'aura pas appris autre chose à Paris? Tant mieux!... mais qu'avez-vous donc, madame Watrin? vous semblez inquiète.

— Oh! ne faites pas attention, mademoiselle... Cependant, si vous le permettiez, j'appellerais Catherine, qui vous tiendrait compagnie tandis que j'irais...

Et madame Watrin jeta un coup d'œil désespéré sur son humble costume, qui était celui de tous les jours.

— Faites comme vous voudrez, répondit mademoiselle Euphrosine avec un laisser-aller plein de dignité. Quant à moi, je serai charmée de la voir, cette chère petite.

A peine la mère Watrin eut-elle reçu cette permission, que, se tournant vers l'escalier :

— Catherine! Catherine! cria-t-elle, descends vite, mon enfant! descends!... C'est mademoiselle Euphrosine qui est là.

Catherine parut à l'instant même sur le palier.

— Descends, mon enfant! descends! dit la mère Watrin.

Catherine descendit silencieuse.

— Maintenant, mademoiselle, vous permettez? demanda Marianne en se tournant vers la fille du maire.

— Comment donc! allez! allez!

Et jetant à la dérobée un coup d'œil sur Catherine, tandis que la vieille se retirait en faisant force révérences :

— Mais, ajouta tout bas mademoiselle Euphrosine en fronçant le sourcil, elle est plus que gentille, cette petite! Que disait donc la mère Watrin?

Catherine, pendant ce temps, s'avançait sans embarras ni sans modestie affectée, et, s'arrêtant devant mademoiselle Euphrosine, qui la regardait de son air le plus digne :

— Pardon! mademoiselle, dit-elle avec une simplicité parfaite, mais j'ignorais que vous fussiez ici; sans quoi je me serais empressée de descendre et de vous présenter mes hommages.

— Oh! murmura mademoiselle Euphrosine se parlant à elle-même, et néanmoins se parlant assez haut pour que Catherine ne perdit pas un mot de son monologue, *que vous fussiez.... empressée de descendre.... présenter mes hommages....* Mais, en vérité, c'est tout à fait une Parisienne, et il faudra la marier avec monsieur Chollet : les deux feront la paire.

Puis, se tournant vers Catherine :

— Mademoiselle, dit-elle d'un air goguenard, j'ai bien l'honneur de vous saluer.

Ma tante a-t-elle songé à s'informer si vous aviez besoin de quelque chose, mademoiselle? demanda Catherine sans paraître s'apercevoir le moins du monde de l'intention malveillante que la fille du maire avait mise dans ses paroles.

— Oui, mademoiselle, mais je n'avais besoin de rien.

Puis, ayant l'air de faire cesser ces relations d'égale à égale :

— Avez-vous apporté de nouveaux patrons de Paris? demanda-t-elle.

— J'ai essayé, dans le mois qui a précédé mon retour, de réunir ce qu'il y avait de plus nouveau, oui, mademoiselle.

— Vous avez appris à faire des bonnets, là-bas?

— Des bonnets et des chapeaux.

— Chez qui étiez-vous? Chez madame Baudrand ou chez madame Barenne?

— J'étais dans une maison plus modeste, mademoiselle; mais j'espère, cependant, n'en pas savoir plus mal mon état.

— C'est ce que nous verrons, répondit mademoiselle Euphrosine de son air protecteur : aussitôt que vous serez installée dans votre magasin de la place de la Fontaine, je vous enverrai quelques vieux bonnets à refaire, et un chapeau de l'an dernier à retoucher.

— Merci, mademoiselle! dit en s'inclinant Catherine.

Mais, tout à coup, la jeune fille redressa la tête, écouta et tressaillit.

Il lui semblait avoir entendu prononcer son nom.

En effet, une voix bien connue de son cœur criait du dehors, et tout en se rapprochant avec rapidité :

— Catherine!... où est donc Catherine?

En même temps, couvert de poussière, le front ruisselant de sueur, Bernard s'élançait dans la chambre.

— Ah! cria-t-il en apercevant Catherine, avec l'accent d'un homme longtemps submergé qui revient sur l'eau et reprend sa respiration, ah! mon Dieu! c'est donc toi!... Enfin! enfin!

Et il tomba sur une chaise, tout en tenant les mains de la jeune fille.

— Bernard! cher Bernard! s'écria Catherine en lui présentant ses joues.

Au cri jeté par son fils, la mère Watrin était entrée, et, en voyant, d'un côté, mademoiselle Euphrosine seule, debout, la figure crispée, et, de l'autre, ce groupe isolé du monde et tout entier à son bonheur, elle avait compris son erreur à l'égard des sentiments amoureux de son fils pour mademoiselle Raisin, et, toute blessée de voir sa perspicacité si complètement mise en défaut :

— Eh bien! Bernard! s'écria-t-elle, eh bien! est-ce donc là une manière de vivre?

Mais lui, sans écouter sa mère, et sans s'apercevoir de la présence de mademoiselle Euphrosine :

— Ah! Catherine, dit-il, si tu savais ce que j'ai souffert, va! Je croyais.... j'ai craint.... mais rien, te voilà! Tu as pris par Meaux et la Ferté-Milon, n'est-ce pas? Je sais cela, François me l'a dit, de sorte que tu as voyagé toute la nuit, et fait trois lieues en carriole! Pauvre chère enfant! ah! que je suis donc content, que je suis donc heureux de te revoir!

— Mais! garçon, mais, garçon! répéta la mère avec indignation; tu ne fais donc pas attention à mademoiselle Euphrosine!

— Ah! pardon! dit Bernard, levant sa tête étonnée du côté de la jeune fille; c'est vrai.... excusez-moi : je ne vous voyais pas... Votre serviteur!

Puis, revenant à Catherine :

— Est-elle grande! est-elle belle! Mais regardez donc, ma mère! regardez donc!

— Avez-vous fait bonne chasse, monsieur Bernard? demanda Euphrosine.

La voix parvint à l'oreille de Bernard comme un son vague dont il parvint cependant à saisir le sens.

— Moi ? non.... oui.... si.... je ne sais pas, dit-il ; qui est-ce qui a chassé ?... Tenez, excusez-moi, je perds la tête, tant je suis joyeux ! J'ai été au-devant de Catherine, voilà ce que j'ai fait !

— Et vous ne l'avez pas rencontrée, à ce qu'il paraît ? répliqua Euphrosine.

— Non, par bonheur ! s'écria Bernard.

— Par bonheur ?

— Oh ! oui, oui.... Cette fois je sais ce que je dis !

— Si vous savez ce que vous dites, monsieur Bernard, reprit Euphrosine en étendant le bras, comme pour chercher un appui, moi, je ne sais ce que j'ai.... je ne me trouve pas bien !

Mais Bernard était si occupé de Catherine, elle lui souriait si tendrement, elle le remerciait par de si doux serremens de main de cette agitation dont il venait de donner des preuves, qu'il n'entendit point ce que disait Euphrosine, et ne vit point sa pâleur et son tremblement vrais ou supposés.

Il n'en fut pas de même de la mère Watrin, qui ne perdait pas de vue mademoiselle Euphrosine.

— Mon Dieu ! mon Dieu ! Bernard ! s'écria-t-elle, n'entends-tu pas que mademoiselle ne se trouve pas bien ?

— Oh ! oui, sans doute, dit Bernard, il fait trop chaud ici !... Mère, donne le bras à mademoiselle Euphrosine, et toi, François, porte un fauteuil dehors.

— Voilà le fauteuil demandé ! dit François.

— Non, non, dit Euphrosine, cela ne sera rien.

— Oh ! si fait ! insista la mère Watrin, vous êtes toute pâle, chère demoiselle, et l'on dirait que vous allez vous évanouir !

— C'est de l'air, dit Bernard, de l'air qu'il faut à mademoiselle !

— Si, au moins, vous me donniez le bras, monsieur Bernard, dit Euphrosine d'un air languissant.

Bernard vit qu'il n'y avait point à reculer.

— Comment donc, mademoiselle, dit-il, avec le plus grand plaisir !

Et tout bas à Catherine :

— Reste là, je reviens !

Puis, prenant Euphrosine par le bras et l'entraînant plus vite que son apparente faiblesse ne semblait le permettre.

— Venez, mademoiselle, venez ! dit-il, tandis que François, obéissant de son côté à l'ordre reçu, les suivait en disant :

— Voilà le fauteuil !

Et que la mère Watrin ajoutait :

— Et du vinaigre pour vous frotter les tempes.

Catherine resta seule.

Ce qui venait de se passer, l'empressement réel de Bernard, le feint évanouissement d'Euphrosine, avaient parlé plus clair à ses yeux et surtout à son cœur que n'eussent pu le faire toutes les explications et tous les sermens du monde.

— Ah ! maintenant, dit-elle, mère Marianne peut me dire tout ce qu'elle voudra, je suis bien tranquille !

A peine achevait-elle ces mots, que Bernard rentrait et se jetait à ses genoux. En même temps, François, tirant la porte du dehors, les isolait avec leur amour et leur bonheur.

— Oh ! Catherine, s'écriait Bernard en embrassant les genoux de la jeune fille, que je t'aime ! que je suis heureux !...

Catherine abaissa sa tête ; les yeux des deux jeunes gens disaient si bien tout ce qu'ils avaient à dire, que sans prononcer une seule parole, leurs haleines se confondirent et leurs lèvres se touchèrent.

Leurs deux poitrines jetèrent ensemble deux cris de joie qui n'en firent qu'un seul, et ils demeurèrent, le regard voilé, plongés dans un si doux ravissement qu'ils ne virent pas la tête haineuse de Mathieu qui s'allongeait par

la porte entr'ouverte de la cuisine, et n'entendirent pas sa voix stridente qui murmurait :

— Ah ! monsieur Bernard, vous m'avez donné un soufflet ; ce soufflet-là vous coûtera cher !...

XI

RÊVES D'AMOUR.

Une heure après, comme des oiseaux qui ont pris leur vol, emportés sur une brise du matin, sur un rayon de soleil, sur un murmure des arbres, les deux jeunes gens avaient disparu, et, à leur place, dans la salle basse de la Maison-Neuve, deux hommes courbés sur un plan de la forêt de Villers-Cotterets traçaient un contour que l'un d'eux eût eu grande tendance à élargir, l'autre, à chaque erreur, ne l'eût fait rentrer dans les limites convenues.

Ces deux hommes, c'étaient Anastase Raisin, maire de Villers-Cotterets, et Guillaume Watrin, notre veil ami.

Ces limites que le marchand de bois voulait toujours étendre, et que le garde chef restreignait impitoyablement à la ligne tracée par le compas de l'inspecteur, c'étaient celles de la *vente* achetée par maître Raisin, à la dernière adjudication.

Enfin Guillaume Watrin, secouant la tête en manière d'approbation et cognant son brûle-gueule sur son ongle pour en faire tomber la cendre :

— Savez-vous, dit-il au marchand de bois, que c'est un joli lot que vous avez là, et pas cher du tout !

Monsieur Raisin se redressa sur son tour.

— Pas cher du tout, 200,000 fr. ? s'écria-t-il. Bon ! il paraît que l'argent vous est facile à gagner, père Guillaume ?

— Ah ! oui, parlons de ça ! répondit celui-ci. Neuf cents livres par an, le logement, le chauffage, tous les jours deux lapins dans la casserole, les jours de grande fête un morceau de sanglier, il y a de quoi devenir millionnaire avec cela, n'est-ce pas ?

— Bah ! dit le marchand de bois en regardant le père Watrin, et souriant de ce fin sourire qu'on pourrait appeler le sourire du commerce, on devient toujours millionnaire quand on veut... relativement parlant, bien entendu !

— Alors, dites-moi un peu votre secret, répondit Guillaume ; ça me fera plaisir, parole d'honneur !

Le marchand de bois regarda de nouveau le garde chef d'un œil fixe et brillant ; puis, comme s'il eût pensé que le moment de faire une si importante ouverture n'était pas encore venu :

— Eh bien ! oui, répondit-il, on vous le dira, le secret, après le dîner, en tête à tête, le verre à la main, en buvant à la santé de nos enfans respectifs, et, s'il y a moyen de... moyenner, eh bien ! entendez-vous, père Guillaume, on fera des affaires.

Le père Guillaume le regarda à son tour en pinçant les lèvres et en secouant la tête ; et il était assez difficile de deviner ce qu'il allait répondre à cette quasi-ouverture du maire, lorsque Marianne entra toute effarée.

— Oh ! monsieur le maire, s'écria-t-elle, en voilà un malheur !

— Eh ! mon dieu ! lequel, madame Watrin ? demanda celui-ci avec une certaine inquiétude.

Quant au père Watrin, habitué aux façons de sa femme, il parut moins impressionné que son hôte le marchand de bois.

— Qu'y a-t-il donc ? dit le maire.

— Qu'est-il arrivé, la vieille ? demanda à son tour Watrin.

— Mais il est arrivé que voilà mademoiselle Euphrosine qui dit comme ça qu'elle est indisposée !

— Bah ! ce ne sera rien ! dit le maire, qui, probablement

connaissait sa fille aussi bien que Guillaume connaissait sa femme.

— Oh, la bégueule! murmura le garde chef, qui, de son côté, paraissait avoir fait une appréciation assez exacte du mérite de mademoiselle Euphrosine.

— Mais, continua la mère, c'est qu'elle veut absolument retourner à la ville.

— Allons, bon! dit monsieur Raisin; Chollet est-il là? s'il était là, il la reconduirait.

— Non, on ne l'a pas encore vu, et c'est, je crois, ce qui a augmenté le mal de la demoiselle.

— Et où est-elle, Euphrosine?

— Elle est remontée dans la calèche et elle vous demande.

— Eh bien, soit! attendez, c'est cela... Au revoir, papa Watrin! nous avons à causer longuement; je vais la reconduire, et dans une heure, — les chevaux sont bons, — dans une heure je serai ici, et si vous êtes bon garçon...

— Si je suis bon garçon?

— Eh bien! touchez là! je ne vous en dis pas davantage... Au revoir, père Guillaume! au revoir, maman Watrin! soignez la gibelotte, et il y aura des épingles pour attacher votre tablier de cuisine!

Et comme le maire sortait sur ces mots, la vieille le reconduisit en faisant force révérences, et tout en disant:

— Au revoir, monsieur le maire! au revoir! faites bien nos excuses à mademoiselle Euphrosine!

Guillaume, lui, était resté à sa place en secouant la tête. Décidément, il ne s'était pas trompé sur la cause de l'amabilité du maire.

Il s'agissait, comme il l'avait dit, de lui tirer son bonnet de coton sur les yeux.

Aussi, quand Marianne revint à lui, toute piteuse du départ de mademoiselle Euphrosine, en disant:

— Ah! mon pauvre vieux, j'espère que tu gronderas Bernard?

— Et de quoi le gronderai-je? demanda brusquement le garde chef.

— Comment! mais de ce qu'il n'a d'yeux que pour Catherine, et qu'il a à peine salué mademoiselle Raisin.

— C'est qu'il avait vu mademoiselle Raisin à peu près tous les jours depuis dix-huit mois, répondit Guillaume, et que pendant ces dix-huit mois il n'a vu que deux fois sa cousine.

— C'est égal!... ah! mon Dieu! mon Dieu! murmura Marianne.

Le père Guillaume resta non-seulement insensible à ce désespoir, mais il parut même lui inspirer quelque impatience.

Il regarda sa femme.

— Dis-moi un peu, la mère? demanda-t-il.

— Eh bien! quoi?

— As-tu entendu ce que t'a dit monsieur le maire?

— A quel propos?

— A propos de la gibelotte, qu'il te recommandait de soigner.

— Oui.

— Eh bien! c'est un bon conseil, femme, qu'il t'a donné là!

— Mais c'est qu'enfin je voudrais te dire...

— Et puis, il y a aussi la tarte qu'il faudrait enfourner.

— Ah! oui, je comprends, tu me renvoies?

— Je ne te renvoie pas; je te dis simplement d'aller à la cuisine voir si j'y suis.

— C'est bien, dit la mère Watrin blessée dans sa dignité: on y va, à la cuisine! on y va!

— Regarde! fit le garde chef en suivant sa femme des yeux, quand on pense que ça n'est pas plus difficile que ça d'être aimable, et que tu l'es si rarement!

— Ah! je suis aimable parce que je m'en vas?... C'est gracieux, ce que tu dis-là!

Le père Guillaume s'approcha d'une fenêtre, tira sa pipe de sa poche, et se mit à siffloter un air.

— Ah! oui, continua la mère, c'est joli ce que tu fais-là; siffle la vue!

Puis, comme elle était arrivée à la porte de la cuisine:

— Enfin!.. dit-elle.

Et elle sortit.

— Oui murmura Guillaume resté seul, oui, je siffle la vue, et je siffle la vue parce que je vois les pauvres chers enfants, et que ça me fait plaisir de les voir! tenez, continua-t-il, quoiqu'il n'eût personne à qui faire partager sa joie, ne dirait-on pas deux anges du bon Dieu, tant ils sont beaux et souriants? Ils viennent par ici: ne les dérangeons pas!

Et le père Guillaume, continuant de siffler, monta vers sa chambre en sifflant plus bas à mesure qu'ils approchaient, de sorte que, au moment où il ouvrait la porte de sa chambre, eux apparaissaient sur le seuil de la salle basse.

Mais, du haut de l'escalier où il s'était arrêté pour ne les perdre de vue que le plus tard possible, il murmura ces mots:

— Dieu vous bénisse, enfants!... Ils ne m'entendent pas: tant mieux! c'est qu'ils écoutent une autre voix qui chante plus doucement que la mienne!

Guillaume ne se trompait point: cette voix qui n'arrivait pas jusqu'à lui, mais qu'il devinait, c'était la voix céleste de la jeunesse et de l'amour; et voici ce qu'elle disait par la bouche des deux jeunes gens:

— M'aimeras tu toujours? demandait Catherine.

— Toujours! répondait Bernard.

— Eh bien! c'est singulier, reprit Catherine, cette promesse, qui devrait me remplir le cœur de joie, me rend au contraire toute triste.

— Pauvre chère Catherine! murmura Bernard de son accent le plus doux, si je te rends triste en te disant que je t'aime, je ne sais plus que te dire pour t'égayer alors.

— Bernard, continua la jeune fille répondant à sa pensée bien plus qu'aux paroles de son amant, tes parens sont mariés depuis vingt-six ans, et, sauf quelques petites querelles sans importance, ils vivent aussi heureux que le premier jour de leur mariage... Chaque fois que je les regarde, je me demande si nous serons aussi heureux, et surtout si nous serons heureux aussi longtemps qu'ils l'ont été.

— Et pourquoi pas? dit Bernard.

— Cette question que je te fais, reprit Catherine, si j'avais une mère, ce serait cette mère qui, inquiète pour le bonheur de sa fille, te la ferait elle même; mais je n'ai ni père ni mère; je suis orpheline, et tout mon bonheur, comme mon amour, c'est entre tes mains! Écoute, Bernard, si tu crois qu'il te soit possible de m'aimer un jour moins que tu ne m'aimes, rompons à l'instant! j'en mourrai, je le sais bien; mais il te devais me plaire m'aimer un jour, oh! je préférerais mourir tandis que tu m'aimes, plutôt que d'attendre ce jour-là, vois-tu!

— Regarde-moi, Catherine, répondit Bernard, et tu trouveras ma réponse écrite dans mes yeux.

— Mais t'es-tu épouvé, Bernard? es-tu sûr que ce n'est pas l'amitié d'un frère, mais que c'est l'amour d'un amant que tu as pour moi?

— Je ne me suis pas éprouvé, répondit le jeune homme; mais tu m'as éprouvé, toi!

— Moi! et comment cela? demanda Catherine.

— Par tes dix-huit mois d'absence!... Crois-tu donc que ce ne soit point une épreuve suffisante que ces dix-huit mois de séparation? A part mes deux courts voyages à Paris et quelques jours de bonheur depuis ton départ, je n'ai pas vécu, car cela ne s'appelle pas vivre que de vivre sans son âme, de ne rien aimer, de n'avoir goût à rien, d'être sans cesse de mauvaise humeur! Eh! mon Dieu! tous ceux qui me connaissent te le diront; ma forêt, cette belle forêt où je suis né, mes grands chênes pleins de murmure, mes beaux hêtres à l'écorce d'argent, eh bien! depuis ton départ, rien de tout cela ne me plaisait plus!... Autrefois, quand je partais le matin, dans la voix de tous es oiseaux qui s'éveillaient, qui chantaient l'aurore au Seigneur, j'entendais ta voix ! le soir, quand je revenais, et que, quittant mes compagnons qui suivaient le sentier, je m'enfonçais dans le bois, c'est qu'il y avait comme un beau fantôme blanc qui m'appelait, qui glissait entre les arbres, qui me montrait mon chemin, qui disparaissait à mesure que je m'approchais de ma maison, et je retrouvais debout et m'attendant à la porte ! Depuis que tu es partie, Catherine, il n'y a pas eu de matinée où je n'aie dit aux autres : « Où sont donc les oiseaux, je ne les entends plus chanter comme autrefois ! » et il n'y a pas eu de soir où, au lieu d'arriver avant tout le monde, gai, dispos et joyeux, je ne sois arrivé le dernier, las, triste et fatigué !

— Cher Bernard ! murmura Catherine, en donnant son beau front à baiser au jeune homme.

— Mais depuis que tu es là, Catherine, continua Bernard avec cet enthousiasme juvénile qui n'appartient qu'aux premiers battemens du cœur, aux premiers rêves de l'imagination ; depuis que tu es là, tout est changé ! les oiseaux sont revenus dans les branches ; mon beau fantôme, j'en suis sûr, m'attend là-bas, sous la futaie, pour me faire quitter le sentier et me guider vers la maison... et, sur le seuil de cette maison, oh ! sur ce seuil, je suis sûr aussi de retrouver, non plus le fantôme de l'amour, mais la réalité du bonheur !

— Oh ! mon Bernard, combien je t'aime ! s'écria Catherine.

— Et puis... et puis, continua Bernard en fronçant le sourcil et en passant la main sur son front, et puis... Mais non, je ne veux pas te parler de cela !

— Parle-moi de tout ! dis-moi tout ! je veux tout savoir !

— Et puis, ce matin, Catherine, quand ce vieux sournois de Mathieu m'a montré cette lettre du Parisien... la lettre où cet homme te parlait, à toi, ma Catherine, à qui je ne parle, moi, que comme à la Sainte-Vierge, où cet homme te parlait, à toi, mon beau muguet des bois, ainsi qu'il parle à ces filles de la ville, eh bien ! j'ai senti une telle douleur, que j'ai cru que j'allais mourir, et, en même temps, une telle rage, que je me suis dit : « Je vais mourir, soit ! mais, avant de mourir, oh ! du moins je le tuerai. »

— Oui, dit Catherine de sa voix la plus caressante, et voilà pourquoi tu es parti par la route de Gondreville avec ton fusil chargé, au lieu d'attendre tranquillement ici ta Catherine ! Voilà pourquoi tu as fait six lieues en deux heures et demie, au risque de mourir de fatigue et de chaleur ! Mais tu as été puni : tu as revu ta Catherine une heure plus tard !... Il est vrai que l'innocente a été punie avec le coupable !.. jaloux !

— Oui ! oui, jaloux ! murmura Bernard les dents serrées, tu as dit le mot ! Oh ! tu ne sais pas ce que c'est que la jalousie, toi !

— Si ! un instant, j'ai été jalouse, dit Catherine en riant ; mais sois tranquille, je ne le suis plus !

— C'est-à-dire, vois-tu, continua Bernard en portant son poing fermé à son front, c'est-à-dire que, si le malheur eût voulu que tu n'eusses pas reçu cette lettre, ou que, l'ayant reçue, tu n'eusses rien changé à ta route ; que si, enfin, tu fusses venue par Villers-Cotterets, et que tu eusses rencontré ce fat... tiens ! tiens ! tiens ! à cette seule pensée, Catherine, ma main s'étend vers mon fusil, et...

— Tais-toi ! s'écria Catherine effrayée de l'expression qu'avait prise la figure du jeune homme, et en même temps comme frappée d'une apparition.

— Moi, me taire ! et pourquoi me taire ? demanda le jeune homme.

— Là ! là ! là ! murmura Catherine en approchant sa bouche de l'oreille de Bernard, là !... il est là, sur la porte !

— Lui ! s'écria Bernard, et que vient-il faire ici ?

— Silence ! dit Catherine en pressant le bras du jeune homme ; c'est ma mère elle-même qui l'a invité à venir avec monsieur le maire et mademoiselle Euphrosine... Bernard, il est ton hôte.

En effet, un jeune homme d'une mise élégante, en redingote du matin, en cravate de couleur, et une cravache à la main, venait de paraître sur le seuil, et, voyant les deux jeunes gens presque dans les bras l'un de l'autre, semblait se demander s'il devait entrer ou sortir.

Le regard de Bernard se croisa en ce moment avec le sien.

Les yeux du jeune garde lançaient des éclairs.

Le Parisien comprit instinctivement qu'il venait de tomber dans la caverne du tigre.

— Pardon ! monsieur Bernard, murmura-t-il, mais je cherchais...

— Oui, répondit celui-ci, et, en cherchant, vous avez trouvé ce que vous ne cherchiez pas ?

— Bernard ! fit tout bas Catherine, Bernard !

— Laisse ! dit le jeune garde en essayant de se débarrasser de l'étreinte de Catherine ; j'ai quelques mots à dire à monsieur Chollet ; ces mots dits, la question clairement et nettement posée entre nous, tout sera fini.

— Bernard ! insista Catherine, du calme, du sang-froid !

— Sois tranquille... seulement, laissse-moi dire deux mots à... monsieur ! ou, ma foi !... au lieu de deux je lui en dirai quatre !

— Soit ! mais...

— Mais je te dis d'être tranquille !

Et avec un mouvement à la violence duquel il n'y avait point à se tromper, Bernard poussa Catherine du côté de la porte.

La jeune fille comprit que tout obstacle physique ou moral ne ferait qu'augmenter la colère de son amant ; elle se retira les mains jointes, et se contentant de le supplier du regard.

La porte de la cuisine refermée sur Catherine, les deux jeunes gens se trouvèrent seuls.

Bernard s'assura que la porte était bien fermée, en y allant lui-même, et en assujétissant le loquet dans son arête.

Puis, revenant au Parisien :

— Eh bien ! moi aussi, monsieur, lui dit-il, je cherchais quelque chose ou plutôt quelqu'un ; mais, plus heureux que vous, ce quelqu'un je l'ai trouvé. Je vous cherchais, monsieur Chollet ?

— Moi ?

— Oui, vous !

Le jeune homme sourit. Du moment où un homme l'attaquait, il allait répondre en homme.

— Vous me cherchiez ?

— Oui.

— Mais je ne suis pas difficile à trouver, ce me semble.

— Excepté cependant quand vous partez le matin en tilbury pour aller attendre la diligence de Paris sur la route de Gondreville.

Le jeune homme se redressa, et, avec un dédaigneux sourire :

— Je sors le matin à l'heure qui me convient, dit-il, et je vais où il me plaît, monsieur Bernard. Cela ne regarde que moi.

— Vous avez parfaitement raison, monsieur ; chacun est libre de ses actions ; mais il y a une vérité que vous ne contesterez pas plus, je l'espère, quoiqu'elle vienne de moi, que je ne conteste celle qui vient de vous.

— Laquelle ?

— C'est que chacun est maître de son bien.

— Je ne le conteste pas, monsieur Bernard.

— Maintenant, vous comprenez, monsieur Chollet : mon bien, c'est mon champ, si je suis métayer ; c'est ma bergerie, si je suis éleveur de bestiaux ; c'est ma ferme, si je suis fermier... Eh bien ! un sanglier sort de la forêt et vient dévaster mon champ : je me mets à l'affût, et je tue le sanglier. Un loup sort du bois pour étrangler mes moutons : j'envoie une balle au loup, et le loup en est pour sa balle. Un renard entre dans ma ferme et étrangle mes poules : je prends le renard au piége, et je lui écrase la tête à coups de talon de botte ! Tant que le champ n'était point à moi, tant que les moutons ne m'appartenaient pas, tant que les poules étaient à d'autres, je ne me reconnaissais pas ce droit; mais du moment où champ, moutons et poules sont à moi, c'est différent!... Ah! à propos, monsieur Chollet, j'ai l'honneur de vous annoncer que, sauf le consentement du père et de la mère, je vais épouser Catherine, et que, dans quinze jours, Catherine sera ma femme, ma femme à moi, mon bien, ma propriété par conséquent, ce qui veut dire : « Gare au sanglier qui viendrait pour dévaster mon champ! gare au loup qui tournerait autour de ma brebis! gare au renard qui convoiterait mes poules! » Maintenant, si vous avez quelques objections à faire à cela, faites-les-moi, monsieur Chollet, faites-les-moi tout de suite. Je vous écoute.

— Malheureusement, répondit le Parisien qui, tout brave qu'il était, n'était probablement pas fâché qu'on le tirât d'une positition fausse; malheureusement, vous ne m'écoutez pas seul!

— Pas seul?

— Non... . Vous plaît-il que je vous réponde devant une femme et devant un prêtre?

Bernard se retourna et aperçut effectivement l'abbé Grégoire et Catherine sur le pas de la porte.

— Non... vous avez raison : silence, dit-il.

— Alors, à demain, n'est-ce pas! demanda Chollet.

— A demain! à après demain!... quand vous voudrez, où vous voudrez, comme vous voudrez!

— Très bien.

— Mon ami, interrompit Catherine, trop heureuse que l'arrivée du bon abbé Grégoire lui eût fourni ce moyen d'interruption, voici notre cher abbé Grégoire, que nous aimons de tout notre cœur, et que moi, pour mon compte, je n'ai pas vu depuis dix-huit mois.

— Bonjour, mes enfans! bonjour! dit l'abbé.

Les deux jeunes hommes échangèrent un dernier regard qui équivalait à une mutuelle provocation, et tandis que Louis Chollet se retirait en saluant Catherine et l'abbé, Bernard allait, le sourire sur le front et sur les lèvres, baiser la main du bon prêtre en disant :

—Soyez le bienvenu, homme de paix! dans cette maison où l'on ne demande pas mieux que de vivre en paix!

XII

L'ABBÉ GRÉGOIRE.

Il y a, dans les existences les plus simples, des événemens qui semblent providentiels. L'apparition de l'abbé Grégoire, juste à point nommé, au moment où les deux jeunes gens allaient probablement échanger un défi, était un de ces événemens-là.

Aussi, comme c'était une grande course pour le bon abbé que de venir, entre sa messe basse et ses vêpres, à la Maison-Neuve, où il n'était jamais venu qu'une seule fois; comme rien n'expliquait la présence de l'abbé à l'heure où cette présence se manifestait, Bernard, après lui avoir baisé la main, releva la tête et lui demanda en riant :

— Que venez-vous faire ici, monsieur l'abbé?

— Moi?

— Oui... Je parie, continua Bernard, que vous ne vous doutez pas de ce que vous êtes venu faire, ou plutôt de ce que vous allez faire à la Maison-Neuve!

L'abbé ne chercha pas même à deviner l'espèce d'énigme qui lui était posée.

— L'homme propose et Dieu dispose, dit-il. Je me tiens à la disposition de Dieu! Puis il ajouta : — Quant à moi, je me proposais tout simplement de faire une visite au père.

— L'avez-vous vu! demanda Bernard.

— Non; pas encore, répondit l'abbé.

— Monsieur l'abbé, reprit Bernard en regardant tendrement Catherine, tandis qu'il adressait la parole au prêtre, vous êtes toujours le bien venu, mais mieux venu encore aujourd'hui que les autres jours!

— Oui, je devine, dit l'abbé, à cause de l'arrivée de la chère enfant.

— Un peu à cause de cela, cher abbé; beaucoup à cause d'autre chose.

— Eh bien! mes enfans, dit l'abbé, cherchant des yeux une chaise, vous allez me raconter cela.

Bernard courut à un fauteuil, et, le mettant à portée du prêtre, qui, fatigué de la course, ne se fit point prier pour s'asseoir :

— Ecoutez, monsieur l'abbé, dit-il, je devrais peut-être vous faire un grand discours, mais j'aime mieux vous dire la chose en deux mots. Nous voulons nous marier, Catherine et moi.

— Ah! ah!..... Et tu aimes Catherine, garçon? demanda l'abbé Grégoire.

— Je crois bien que je l'aime!

— Et toi, tu aimes Bernard, mon enfant?

— Oh! de toute mon âme!

— Mais cette confidence appartient, ce me semble, aux grands parens.

— Oui, monsieur l'abbé, dit Bernard; mais vous êtes l'ami de mon père, vous êtes le confesseur de ma mère, vous êtes notre cher abbé à tous : eh bien! causez de cela avec le père Guillaume, lequel en causera avec la mère Marianne... Tâchez de nous avoir leur consentement, ce qui, je l'espère, ne sera pas une chose difficile, et vous verrez deux jeunes gens bien heureux!... Eh! tenez, ajouta Bernard en posant sa main sur l'épaule de l'abbé, voici le père Guillaume qui sort de sa chambre... Vous connaissez la redoute qu'il s'agit d'emporter, chargez à fond! pendant ce temps-là, nous nous promènerons, Catherine et moi, en chantant vos louanges... Viens, Catherine!

Et tous deux, joyeux et légers comme des oiseaux, prirent leur vol vers la porte, et de la maison à travers le bois.

Pendant ce temps, le père Guillaume s'était arrêté sur le palier, et l'abbé Grégoire, se retournant de son côté, le saluait de la main.

— Je vous avais vu venir de loin, commença le père Guillaume, et je me disais : « C'est l'abbé! mais, nom d'un nom! c'est l'abbé! » Seulement, je n'y pouvais pas croire. Quelle chance! aujourd'hui, justement!... Je parie que vous veniez, non pas pour nous, mais pour Catherine?

— Eh bien! non, vous vous trompez, car j'ignorais son arrivée.

— Alors, vous n'en aurez été que plus joyeux de la trouver ici, n'est-ce pas? Hein! comme elle est embellie!... Vous restez à dîner, j'espère? Ah! je vous en préviens, monsieur l'abbé, tout ce qui entre aujourd'hui dans la maison n'en sort plus qu'à deux heures du matin.

Et le père Guillaume se mit à descendre tendant ses deux mains ouvertes à l'abbé Grégoire.

— Deux heures du matin! répéta l'abbé; mais cela ne me sera jamais arrivé de me coucher à deux heures du matin.

— Bah! et le jour de la messe de minuit, donc!

— Comment m'en irai-je?

— Monsieur le maire vous reconduira dans sa calèche. L'abbé secoua la tête.

— Heu! dit-il, nous ne sommes pas très bien, le maire et moi.

— C'est votre faute, dit Guillaume.

— Comment, ma faute? demanda l'abbé, étonné que son vieil ami le garde chef lui donnât tort ainsi de prime-abord.

— Oh! oui, vous avez eu le malheur de dire devant lui :

Le bien d'autrui tu ne prendras
Ni retiendras à ton escient!

— Eh bien! reprit l'abbé, je ne dis pas qu'au risque

de m'en retourner, la nuit, à pied, je ne serai pas des vôtres. D'ailleurs je m'en doutais en venant ici, que j'y resterais plus longtemps que de raison, et j'ai prié monsieur le curé de me remplacer à vêpres et au salut.

— Bravo! comme vous me rendez toute ma belle humeur, l'abbé!

— Tant mieux! dit celui-ci en appuyant son bras sur celui du garde chef, car j'ai besoin de vous trouver dans ces dispositions-là!

— Moi! fit Guillaume avec étonnement.

— Oui... Vous êtes un peu grognon, parfois.

— Allons donc!

— Et aujourd'hui... justement...

L'abbé s'arrêta en regardant Guillaume d'une singulière façon.

— Quoi! demanda le garde chef.

— Eh bien? aujourd'hui, j'ai par-ci, par-là, deux ou trois choses à vous demander.

— A moi, deux ou trois choses?

— Voyons, mettons deux, afin de ne pas vous effrayer.

— Pour qui?

— Vous devez, au reste, être accoutumé à cela, père Guillaume; chaque fois que j'étends la main vers vous, c'est pour vous dire : « Mon cher monsieur Watrin, la charité, s'il vous plaît! »

— Eh bien! qu'est-ce? Voyons! demanda en riant le père Guillaume.

— Il s'agit d'abord du vieux Pierre.

— Ah! oui, pauvre diable! je sais son malheur. Ce vagabond de Mathieu est parvenu à le faire renvoyer de chez monsieur Raisin.

— Il y était depuis vingt ans, et, à cause d'une lettre perdue avant-hier...

— Monsieur Raisin a eu tort, dit le père Guillaume; je le lui ai déjà dit ce matin, et vous le lui répéterez quand il va revenir. On ne chasse pas un serviteur de vingt ans; un serviteur de vingt ans, c'est une portion de la famille. Moi, je ne chasserais pas un chien qui serait resté dix ans dans ma cour!

— Ah! je connais votre bon cœur, père Guillaume : aussi je me suis mis dès le matin en route, afin de faire une collecte pour le bonhomme... Les uns m'ont donné dix sous, les autres vingt... Alors j'ai pensé à vous. Je me suis dit : « Je vais aller à la maison neuve du chemin de Soissons; c'est une lieue et demie pour aller, une lieue et demie pour revenir, trois lieues en tout; je taxerai le père Guillaume à vingt sous par lieue, et cela fera trois francs.. Sans compter que j'aurai le plaisir de lui serrer la main! »

— Dieu vous récompense, monsieur l'abbé! car vous êtes un brave cœur!

Et le père Guillaume, fouillant à sa poche, en tira deux pièces de cinq francs qu'il donna à l'abbé Grégoire.

— Oh! dit l'abbé, dix francs! c'est beaucoup pour votre fortune, cher monsieur Watrin?

— Je dois quelque chose de plus que les autres, puisque c'est moi qui ai recueilli ce louveteau de Mathieu, et que c'est en quelque sorte de chez moi qu'il est sorti pour faire le mal.

J'aimerais mieux, dit l'abbé, en tournant les pièces de cinq francs entre ses doigts, comme s'il eût eu remords de priver le pauvre ménage d'une pareille somme, j'aimerais mieux, cher papa Guillaume, que vous ne me donnassiez que trois francs, ou même rien du tout, et que vous lui permissiez de ramasser un peu de bois sur votre garderie.

Le père Guillaume regarda l'abbé entre les deux yeux, comme on dit; puis, avec une admirable expression de naïve honnêteté :

— Le bois appartient à monseigneur le duc d'Orléans, mon cher abbé, dit-il, tandis que l'argent est à moi. Prenez donc l'argent, et que Pierre se garde de toucher au bois!... Maintenant, voilà une affaire réglée; passons à l'autre. Voyons! qu'avez-vous encore à me demander?

— Je me suis chargé d'une pétition.

— Pour qui?

— Pour vous.

— Une pétition pour moi? Bon! voyons-la.

— Elle est verbale.

— De qui cette pétition?

— De Bernard.

— Que veut-il?

— Il veut...

— Eh bien! achevez donc!

— Eh bien! il veut se marier!

— Oh! oh! oh! fit le père Guillaume.

— Pourquoi donc oh! oh! oh! N'est-il pas en âge? demanda l'abbé Grégoire.

— Si fait! mais avec qui veut-il se marier?

— Avec une bonne fille qu'il aime et dont il est aimé.

— Pourvu que ce ne soit pas mademoiselle Euphrosine qu'il aime, je lui permets de prendre pour femme qui il voudra, fût-ce ma grand'mère!

— Tranquillisez-vous, mon brave ami; la femme qu'il aime, c'est Catherine.

— Vrai? vrai? s'écria le père Guillaume joyeux; Bernard aime Catherine, et Catherine l'aime?

— Ne vous en doutiez-vous pas? demanda l'abbé Grégoire.

— Oh! si! j'avais peur de me tromper!

— Vous consentez, alors?

— De grand cœur! s'écria le père Guillaume.

Puis, s'arrêtant tout à coup :

— Mais... dit-il.

— Mais quoi?

— Mais, seulement, il faut en parler à la vieille... Tout ce que nous avons fait depuis vingt-six ans, nous l'avons fait d'accord. Bernard est son fils comme le mien : il faut donc en parler à la vieille... Oui, oui, continua le père Guillaume, c'est nécessaire!

Alors, allant ouvrir la porte de la cuisine :

— Eh! la mère, cria-t-il, viens ici!

Puis, se rapprochant de l'abbé en serrant sa pipe entre ses dents, et en se frottant les mains, ce qui était chez le père Guillaume le signe de la plus haute satisfaction :

— Ah! ah! ce coquin de Bernard, ajouta-t-il, c'est bien la bêtise la plus spirituelle qu'il aura faite de sa vie!

En ce moment, la mère Watrin parut sur la porte de sa cuisine, s'essuyant le front avec son tablier blanc.

— Eh bien? voyons, qu'y a-t-il? demanda-t-elle.

— Viens ici, on te dit! répondit Guillaume.

— Ah! faut-il être bête de me déranger comme ça au moment de pétrir ma pâte!

Puis, tout à coup, apercevant son hôte, qu'elle n'avait pas encore vu :

— Tiens! monsieur l'abbé Grégoire! s'écria-t-elle. Votre servante, monsieur l'abbé! Je ne savais point que vous fussiez là; sans quoi, on n'eût pas eu besoin de m'appeler.

— Bon! dit Guillaume à l'abbé, entendez-vous, entendez-vous? la voilà partie!

— Vous vous portez bien? continua la mère Watrin; et votre nièce, mademoiselle Alexandrine, elle se porte bien aussi? Vous savez que tout le monde est en joie dans la maison, à cause du retour de Catherine?

— Bien! bien! bien!... Vous m'aiderez à lui mettre une martingale, n'est-ce pas, monsieur l'abbé, si je n'en viens pas à bout tout seul?

— Pourquoi m'as-tu appelée, alors, répliqua Marianne avec un reste d'aigreur qu'elle avait conservé de sa dernière sortie, si tu m'empêches de complimenter monsieur l'abbé et de lui demander de ses nouvelles?

— Je t'ai appelée pour que tu me fasses un plaisir.

— Et lequel?

— Celui de me donner ton opinion en deux mots et sans phrases sur une affaire importante. Bernard veut se marier.

— Bernard! se marier! Et avec qui?

— Avec sa cousine.

— Avec Catherine?

— Avec Catherine, oui... Et maintenant, ton opinion? Allons, vite!

— Catherine, répondit la mère Watrin, c'est une brave enfant, une bonne fille...

— Ça va bien? continue.

— Qui ne pourrait pas nous faire de honte...

— En route! en route!

— Seulement, elle n'a rien.

— Rien?

— Absolument rien!

— Femme, ne mets pas dans la balance quelques misérables écus et le malheur de ces pauvres enfans!

— Mais sans argent, cependant, vieux, on vit mal!

— Et sans amour on vit bien plus mal encore, va!

— Ah! c'est vrai! murmura Marianne.

— Quand nous nous sommes mariés, continua le père Guillaume, est-ce que nous en avions, nous, de l'argent? Non, nous étions gueux comme deux rats, sans compter qu'aujourd'hui nous ne sommes pas encore très riches... Eh bien! qu'aurais-tu dit, alors, si nos parens avaient voulu nous séparer sous prétexte qu'il nous manquait quelques centaines d'écus pour nous mettre en ménage?

— Oui, tout ça est bel et bon, répondit la mère Watrin: aussi, n'est-ce pas là le principal obstacle.

Et elle prononça ces mots d'un ton qui fit comprendre à Guillaume que, s'il avait cru tout fini, il se trompait fort, et qu'il allait surgir quelque difficulté aussi tenace qu'inattendue.

— Bon! dit Guillaume se raidissant de son côté pour la lutte; et, cet obstacle, quel est-il? Voyons!

— Oh! tu me comprends bien! dit Marianne.

— N'importe! répondit Guillaume, fais comme si je ne te comprenais pas.

— Guillaume, Guillaume, dit la mère en secouant la tête, nous ne pouvons pas prendre ce mariage-là sur notre conscience!

— Et pourquoi ça?

— Dame! parce que Catherine est hérétique.

— Ah! femme, femme, s'écria Guillaume en frappant du pied, je me doutais que ce serait là la pierre d'achoppement, et cependant je ne voulais pas y croire!

— Que veux-tu, vieux! comme j'étais, à vingt ans, je suis encore aujourd'hui... Je me suis opposée autant que j'ai pu au mariage de sa pauvre mère avec Frédéric Blum. Malheureusement, c'était ta sœur: elle était libre, et elle n'a pas eu besoin de mon consentement; seulement, je lui ai dit: « Rose, souviens-toi de ma prédiction: ça te portera malheur d'épouser un hérétique! » Elle ne m'a pas écoutée et s'est mariée, et ma prédiction s'est accomplie... Le père a été tué, la mère est morte, et la petite fille est restée orpheline!

— Ne vas-tu pas lui reprocher ça?

— Non, mais je lui reproche d'être une hérétique.

— Mais, malheureuse! s'écria le père Guillaume, sais-tu seulement ce que c'est qu'une hérétique?

— C'est une créature qui sera damnée!

— Même si elle est honnête?

— Même si elle est honnête!

— Même si elle est bonne mère, bonne femme, bonne fille?

— Même si elle est tout ça!

— Même quand elle aurait toutes les vertus?

— Toutes les vertus n'y font rien, dès qu'elle est hérétique.

— Mille millions de sacrements! s'écria le père Guillaume.

— Jure si tu veux, dit Marianne; mais ça n'y changera rien, de jurer.

— Tu as raison: aussi je ne m'en mêle plus!

Puis, se retournant vers le digne prêtre, qui avait écouté toute cette discussion sans prononcer un seul mot:

— Et maintenant, dit-il, monsieur l'abbé, vous avez entendu: ça ne me regarde plus; c'est votre tour!

Puis, s'élançant hors de la chambre comme un homme pressé de respirer le grand air:

— Oh! femmes, femmes! s'écria-t-il, que vous avez bien été créées et mises au monde pour damner le genre humain!

Mais elle, pendant ce temps, secouant la tête, murmurait, se parlant à elle-même:

— Non, il a beau dire, c'est impossible! Bernard n'épousera point une hérétique... Tout ce que l'on voudra, mais pas ça! Non, non, non, pas ça!

XIII

LE PÈRE ET LE FILS.

Le père Guillaume sorti, l'abbé Grégoire et madame Watrin restaient en face l'un de l'autre.

Il va sans dire que l'abbé avait accepté la mission dont le vieux garde chef l'avait chargé en abandonnant le champ de bataille, non pas en homme vaincu, mais en homme qui craint d'employer pour vaincre des armes dont il aurait honte de se servir.

Malheureusement, depuis trente ans que Marianne était sa pénitente, l'abbé Grégoire connaissait bien celle à laquelle il allait avoir affaire; et, comme le péché dominant de la mère Watrin était l'entêtement, il n'avait pas grand espoir de réussir là où Guillaume avait échoué.

Aussi, malgré son air de confiance, ce fut avec un certain doute intérieur qu'il aborda la question.

— Chère madame Watrin, dit-il en s'approchant de la mère, n'avez-vous donc pas d'autre objection à ce mariage que la différence des religions?

— Moi! monsieur l'abbé? répondit la mère, aucune! mais il me semble que cela suffit.

— Allons! allons! en conscience, mère Watrin, au lieu de dire non, vous devriez dire oui.

— Oh! monsieur l'abbé, s'écria Marianne en levant les yeux au ciel, c'est vous qui me poussez à donner mon consentement à un pareil mariage?

— Sans doute, c'est moi.

— Eh bien! je vous dis que ce serait, au contraire, votre devoir de vous y opposer!

— Mon devoir, chère madame Watrin, est, dans l'étroite voie où je marche, de donner à ceux qui me suivent le plus de bonheur possible; mon devoir est de consoler les malheureux, et surtout d'aider à être heureux ceux qui peuvent le devenir!

— Ce mariage serait la perte de l'âme de mon enfant: je refuse!

— Voyons, raisonnons, chère madame Watrin, insista l'abbé: Catherine, quoiqu'elle soit protestante, vous a-t-elle toujours aimée et respectée comme une mère?

— Oh! sur ce chapitre-là, je n'ai rien à dire... Toujours! et c'est une justice à lui rendre!

— Elle est douce, bonne, bienfaisante?

— Elle est tout ça.

— Pieuse, sincère, modeste?

— Oui.

— Eh bien! alors, chère madame Watrin, que votre conscience se tranquillise: la religion qui enseigne toutes ces vertus à Catherine ne perdra point l'âme de votre fils.

— Non, non, monsieur l'abbé; non, ça ne se peut pas! répéta Marianne s'enfonçant de plus en plus dans son aveugle entêtement.

— Je vous en prie! dit l'abbé.

— Non!

— Je vous en supplie!

— Non, non, non!

L'abbé leva les yeux au ciel.

— O mon Dieu! mon Dieu! murmura-t-il, vous si bon, vous si clément, vous si miséricordieux, vous qui n'avez qu'un regard pour juger les hommes, mon Dieu! vous voyez dans quelle erreur est cette mère, qui donne à son aveuglement le nom de piété; mon Dieu! éclairez-la.

Mais la bonne femme continua de faire des signes de dénégation.

En ce moment, le père Guillaume qui, sans doute, avait écouté à la porte, rentra.

— Eh bien! monsieur l'abbé, demanda-t-il en jetant sur sa femme un regard de travers, est-elle devenue plus raisonnable, la vieille?

— Madame Watrin réfléchira, je l'espère, répondit l'abbé.

— Ah! fit Guillaume en secouant la tête et en serrant les poings.

Le geste fut vu de la mère; mais, dans son impassible entêtement:

— Fais ce que tu voudras, dit-elle; je sais que tu es le maître; mais, si tu les maries, ce sera contre mon gré.

— Mille sacremens! Vous l'entendez monsieur l'abbé! dit Watrin.

— Patience! cher monsieur Guillaume, patience! répondit l'abbé, voyant que le bonhomme s'échauffait.

— De la patience? s'écria le vieux: mais l'homme qui aurait de la patience en pareille occasion ne serait pas un homme! Ce serait une brute qui ne vaudrait pas une charge de poudre!

— Bah! dit l'abbé à demi-voix, elle a bon cœur: soyez tranquille, elle reviendra d'elle-même.

— Oui, vous avez raison, je ne veux plus qu'elle accepte mon opinion comme contrainte et forcée; je ne veux pas qu'elle joue la mère désolée, la femme martyre... Je lui donne toute la journée pour réfléchir, et si, ce soir, elle ne vient pas d'elle-même me dire: « Vieux! il faut marier les enfans... »

Guillaume jeta un regard de côté sur sa femme, mais celle-ci secoua la tête; mouvement qui redoubla l'exaspération du garde chef.

— Si elle ne vient pas me dire cela, continua-t-il, eh bien! écoutez, monsieur l'abbé, il y a vingt-six ans que nous sommes ensemble... oui, vingt-six ans au 15 juin prochain... eh bien! monsieur l'abbé, foi d'homme d'honneur! nous nous séparerons comme si c'était d'hier, et nous finirons le peu de jours qui nous restent à vivre, elle de son côté et moi du mien!

— Que dit-il là? s'écria la vieille.

— Monsieur Watrin! dit l'abbé.

— Je dis... je dis la vérité! entends-tu, femme, entends-tu?

— Oui, oui, j'entends!... Oh! malheureuse, malheureuse!

Et la mère Watrin se précipita en sanglotant dans sa cuisine, mais sans faire, si désespérée qu'elle parût être, et qu'elle fût en réalité, un pas dans la voie de la réconciliation.

Restés ensemble, le garde chef et l'abbé se regardèrent. Ce fut l'abbé qui rompit le premier le silence.

— Mon cher Guillaume. dit-il, voyons, du courage! et surtout du sang-froid?

— Mais avez-vous vu pareille chose? s'écria Watrin furieux: l'avez-vous jamais vue?

— J'ai encore bon espoir, reprit l'abbé, mais évidemment dans le but de consoler le bonhomme plutôt que par conviction; il faut que les enfans la voient, il faut que les enfans lui parlent.

— Elle ne les verra pas, elle ne leur parlera pas! Il ne sera pas dit qu'elle aura été bonne par pitié; non, elle sera bonne pour être bonne, ou je n'ai plus rien à faire avec elle. Que les enfans la voient? que les enfans lui parlent? Non, j'en aurais honte! Je ne veux pas qu'ils sachent qu'ils ont pour mère une pareille sotte.

En ce moment, la tête inquiète de Bernard passa à travers la porte entrebâillée; Guillaume l'aperçut, et, se tournant vers l'abbé:

— Silence sur la vieille entêtée! monsieur l'abbé, dit-il, je vous en prie!

Bernard avait remarqué le regard de son père, et le silence dans lequel restait celui-ci ne diminuait pas l'inquiétude du jeune homme.

— Eh bien! père? se décida-t-il à demander d'une voix timide.

— Qui t'a appelé? fit Guillaume.

— Mon père! murmura Bernard presque suppliant.

Cet accent de son fils pénétra jusqu'au cœur de Watrin; mais il cuirassa son cœur, et, d'une voix aussi brusque que celle de Bernard était persuasive:

— Je te demande qui t'a appelé?... réponds-moi! reprit Watrin.

— Personne, je le sais... mais j'espérais...

— Va-t-en! tu étais un sot d'espérer.

— Mon père! mon cher père! dit Bernard, une bonne parole! une seule!

— Va-t-en!

— Pour l'amour de Dieu, père!

— Va-t-en, te dis-je! s'écria le père Guillaume. Il n'y a rien à faire ici pour toi!

Mais la famille Watrin était comme la famille d'Orgon: chacun y avait sa dose d'entêtement. Au lieu de laisser le nuage qui couvrait le front de son père se dissiper, et de revenir plus tard, comme celui-ci le lui conseillait un peu brutalement peut-être, Bernard fit un pas de plus dans la chambre, et, continuant d'insister:

— Père, dit-il d'une voix plus ferme, la mère pleure et ne répond pas; vous pleurez et vous me chassez...

— Tu te trompes, je ne pleure pas.

— Du calme, Bernard! du calme! dit l'abbé; tout peut changer.

Mais, au lieu de répondre à la voix de l'abbé, Bernard répondit à la voix du désespoir, qui commençait à gronder en lui.

— Oh! malheureux! murmura-t-il, croyant que sa mère consentait au mariage, et que c'était son père qui s'y opposait, malheureux que je suis! Vingt-cinq ans d'amour pour mon père, et mon père ne m'aime pas!

— Malheureux!... oui, malheureux que tu es, s'écria l'abbé, car tu blasphèmes!

— Mais vous voyez bien que le père ne m'aime pas, monsieur l'abbé, dit Bernard, puisqu'il me refuse la seule chose qui puisse faire mon bonheur.

— Vous l'entendez?... s'écria Guillaume s'emportant de sa vieille colère plus encore que d'une colère nouvelle; voilà comment il juge! Oh! jeunesse! jeunesse!

— Mais, continua Bernard, il ne sera pas dit que, pour obéir à un incroyable caprice, j'abandonnerai la pauvre fille; si elle n'a ici qu'un ami, du moins cet ami lui tiendra lieu de tous les autres.

— Oh! je t'ai déjà dit trois fois de t'en aller, Bernard! s'écria Guillaume.

— Je m'en vais, dit le jeune homme; mais j'ai vingt-cinq ans, vingt-cinq ans passés; je suis libre de mes actions, et, ce qu'on me refuse si cruellement, eh bien! la loi me donne le droit de le prendre, et je le prendrai!

— La loi! s'écria le père Guillaume exaspéré; je crois, Dieu me pardonne, qu'un fils a dit: La loi! devant son père!

— Est-ce ma faute?

— La loi!...

— Vous me poussez à bout!

— La loi!... Hors d'ici!... La loi, à ton père! Hors d'ici, malheureux, et ne reparais jamais devant mes yeux!... La loi!...

— Mon père, dit Bernard, je m'en vais, puisque vous me chassez; mais souvenez-vous de cette heure où vous avez dit à votre fils: « Enfant, sors de ma maison! » et que tout ce qui arrivera retombe sur vous!

5

Et Bernard, prenant son fusil, s'élança hors de la maison comme un insensé.

Le père Guillaume fut prêt à sauter sur le sien.

L'abbé l'arrêta.

— Que faites-vous, monsieur l'abbé? s'écria le vieux. N'avez-vous pas entendu ce que vient de dire ce misérable?

— Père! père! murmura l'abbé, tu as été trop dur pour ton fils!

— Trop dur! s'écria Guillaume : vous aussi? Est-ce moi qui ai été trop dur, ou la mère? Vous et Dieu le savez! Trop dur! quand j'avais des larmes plein les yeux en lui parlant; car je l'aime ou plutôt je l'aimais comme on aime un enfant unique... Mais, maintenant, continua le vieux garde d'une voix étouffée, qu'il aille où il voudra, pourvu qu'il s'en aille! qu'il devienne ce qu'il pourra, pourvu que je ne le revoie plus?

— L'injustice engendre l'injustice, Guillaume! dit solennellement l'abbé. Prenez garde, après avoir été dur dans la colère, d'être injuste à cœur reposé... Dieu vous a déjà pardonné la colère et l'emportement : il ne vous pardonnerait pas l'injustice!

L'abbé achevait à peine, que Catherine à son tour entra pâle et effarée dans la salle. Ses grands yeux bleus étaient fixes, et il en tombait de grosses larmes qui, pareilles à des perles, roulaient sur ses joues.

— O cher père! dit-elle regardant avec effroi le visage triste de l'abbé et la physionomie sombre du garde chef; qu'y a-t-il donc, et que s'est-il passé?

— Bon! voilà l'autre, maintenant! murmura Guillaume en tirant sa pipe de sa bouche, et en la remettant dans sa poche, ce qui était chez lui un signe de suprême émotion.

— Bernard m'a embrassée trois fois en pleurant, continua Catherine; il a pris son chapeau, son couteau de chasse, et il est parti courant comme un fou.

L'abbé se retourna et épongea ses yeux humides avec son mouchoir.

— Bernard... Bernard est un malheureux! répondit Guillaume, et toi... toi...

Sans doute allait-il confondre Catherine dans la malédiction, mais son regard irrité rencontra le regard doux et suppliant de la jeune fille, et ce qui restait en lui de colère fondit comme la neige sous un rayon de soleil d'avril.

— Et toi... toi... murmura-t-il en s'attendrissant, toi, Catherine, tu es une bonne fille! Embrasse-moi, mon enfant.

Puis, repoussant doucement sa nièce, et se tournant vers l'abbé :

— Monsieur Grégoire, dit-il, c'est vrai, j'ai été dur; mais, vous le savez, c'est la faute de la mère... Allez et tâchez d'arranger ça avec elle... Quant à moi... quant à moi, je vais faire un tour dans la forêt. J'ai toujours remarqué que l'ombre et la solitude sont pleins de bons conseils.

Et, donnant une poignée de main à l'abbé, mais sans oser regarder du côté de Catherine, il sortit de la maison, traversa diagonalement la route, et alla s'enfoncer dans la futaie en face.

L'abbé, pour éviter une explication, eût bien voulu en faire autant, et il s'acheminait vers la cuisine, endroit où il était à peu près sûr de retrouver la mère Watrin, si désespérée qu'elle fût; mais Catherine l'arrêta.

— Au nom du ciel! monsieur l'abbé, ayez pitié de moi, dit-elle, et racontez-moi ce qui s'est passé là.

— Mon enfant, répondit le digne vicaire prenant les deux mains de la jeune fille, vous êtes si bonne, si pieuse, si dévouée, que vous ne pouvez avoir que des amis ici-bas et au ciel. Demeurez donc en espérance, n'accusez personne, et laissez à la bonté de Dieu, aux prières des anges, et à l'amour de vos parens, le soin d'arranger les choses.

— Mais moi, moi, qu'ai-je à faire? demanda Catherine.

— Priez pour qu'un père et un fils qui se sont quittés dans la colère et les larmes se retrouvent dans le pardon et dans la joie!

Et, laissant Catherine un peu plus calme, sinon plus rassurée, il entra dans la cuisine, où la mère Watrin, tout en secouant la tête, en répétant non! non! non! et en pleurant, dépouillait ses lapereaux et pétrissait sa pâte.

Catherine regarda s'éloigner l'abbé Grégoire comme elle avait regardé s'éloigner son père adoptif, et ne comprenant pas plus la recommandation de l'un que le silence de l'autre.

— Mon Dieu! mon Dieu! se demanda-t-elle tout haut, quelqu'un ne me dira-t-il pas ce qui se passe ici?

— Si fait, moi; avec votre permission, mademoiselle Catherine, dit Mathieu apparaissant accoudé à l'appui de la fenêtre.

Cette apparition de Mathieu fut presque une joie pour la pauvre Catherine. Venant en quelque sorte au nom de Bernard, et pour lui donner des nouvelles de Bernard, de hideux qu'il était, le vagabond ne lui sembla plus que laid.

— Oh! oui, oui, s'écria la jeune fille, dis-moi où est Bernard et pourquoi il est parti.

— Bernard?

— Oui, oui, mon cher Mathieu, dis, dis! Je t'écoute.

— Eh bien! il est parti... eh! eh!

Mathieu se mit à rire de cette façon rire, pendant que Catherine tendait vers lui l'oreille avec anxiété.

— Il est parti, reprit le vagabond, dame!... faut-il vous le dire?

— Oui, puisque je t'en prie.

— Eh bien! il est parti parce que monsieur Watrin l'a chassé.

— Chassé! le père a chassé le fils! Et pourquoi?

— Pourquoi? parce qu'il voulait vous épouser malgré tout le monde, l'enragé!

— Chassé! chassé à cause de moi! chassé de la maison de son père!

— Oui... Oh! je crois bien! il y a eu des gros mots! Voyez-vous, moi j'étais dans le fournil; j'ai tout entendu. Oh! sans écouter! Je n'écoutais pas, non; mais ils criaient si haut que j'ai bien été forcé d'entendre... Il y a même eu un moment, quand monsieur Bernard a dit au père Guillaume : « C'est sur vous que retomberont les malheurs qui vont arriver » il y a même eu un moment où j'ai cru que le vieux allait sauter sur son fusil... Oh! ça se serait mal passé! C'est que le père Guillaume, ce n'est pas comme moi, qui ne puis pas mettre une balle dans une porte cochère à vingt-cinq pas!

— Oh! mon Dieu! mon Dieu! pauvre cher Bernard!

— Ah! oui, n'est-ce pas, que c'il a risqué pour vous, ça vaut bien que vous le revoyiez encore une fois, dites, quand ce ne serait que pour l'empêcher de faire quelque sottise?

— Oh! oui, oui, le revoir! je ne demande pas mieux; mais comment?

— Il vous attendra ce soir...

— Il m'attendra?

— Oui, voilà ce que je suis chargé de vous dire.

— Par qui?

— Par qui?... par lui, donc!

— Et où cela m'attendra-t-il?

— A la fontaine du Prince.

— A quelle heure?

— A neuf heures.

— J'y serai, Mathieu, j'y serai.

— N'y manquez pas, au moins?

— Je n'ai garde!

— Ça retomberait encore sur moi... c'est qu'il n'est pas tendre, le citoyen Bernard! ce matin, il m'a envoyé un soufflet, que la joue m'en cuit encore! mais je suis bon moi, je n'ai pas de rancune.

— Sois tranquille, mon bon Mathieu, dit Catherine en remontant à sa chambre ; oh ! Dieu te récompensera !

— Je l'espère bien, dit Mathieu en la suivant des yeux jusqu'au moment où la porte se fut refermée sur elle.

Puis alors, avec un sourire de démon qui voit une pauvre âme innocente donner dans son piége, il se retourna du côté de la forêt, dans laquelle il entra à grands pas, tout en faisant des signes.

A ces signes, un cavalier qui se tenait à quelque distance accourut.

— Eh bien ? demanda-t-il à Mathieu en arrêtant court son cheval en face du vagabond.

— Eh bien ! tout va à merveille, l'autre a tant fait de sottises, qu'il paraît qu'on en a assez comme ça ; et puis, on regrette Paris.

— Que dois-je faire ?

— Ce que vous devez faire ?

— Oui.

— Le ferez-vous ?

— Sans doute.

— Eh bien ! courez à Villers-Cotterets, bourrez vos poches d'argent... A huit heures à la fête de Corcy, et à neuf heures...

— A neuf heures ?

— Eh bien ! quelqu'un qui n'a pas pu vous parler ce matin, quelqu'un qui n'est pas revenu par Gondreville, uniquement de peur de scandale, ce quelqu'un-là vous attendra à la fontaine du Prince.

— Mais elle consent donc à partir avec moi ? s'écria le Parisien tout joyeux.

— Elle consent à tout ! dit le vagabond.

— Mathieu, reprit le jeune homme, il y a vingt-cinq louis pour toi si tu ne m'as pas menti !... A ce soir, neuf heures !

Et, enfonçant ses éperons dans le ventre de son cheval, il s'éloigna au galop dans la direction de Villers-Cotterets.

— Vingt-cinq louis ? murmura Mathieu en le regardant fuir à travers les arbres, c'est un joli denier, sans compter la vengeance !... Ah ! je suis une chouette ! ah ! la chouette est un oiseau de mauvaise augure !... Monsieur Bernard, la chouette vous dit bonsoir !

Et, rapprochant ses deux mains de la bouche, il fit entendre deux fois le cri de la chouette.

— Bonsoir, monsieur Bernard !

Et il s'enfonça au plus épais de la futaie, dans la direction du village de Corcy.

XIV

LA FÊTE DE VILLAGE.

Il y a vingt-cinq ans, c'est-à-dire à l'époque où se passaient les événemens que nous avons entrepris de raconter, les fêtes des villages situés aux environs de Villers-Cotterets étaient de véritables fêtes, non-seulement pour ces villages, mais encore pour la ville autour de laquelle ces villages rayonnent comme des satellites autour de leur planète.

C'était surtout au commencement de l'année, quand les premières fêtes coïncidaient avec les premiers beaux jours; quand, aux jeunes rayons du soleil de mai, un de ces villages s'élevait tout à coup caquetant et chantant sous la feuillée comme un nid de fauvettes ou de mésanges nouvellement éclos; c'était surtout à ce moment-là, disons-nous, que la fête présentait un nouveau charme, un double attrait.

Alors, quinze jours d'avance dans le village, huit jours d'avance à la ville, commençaient des préparatifs de coquetterie de la part de tous ceux à qui revenait, soit en

intérêt, soit en spéculation, soit en plaisir, une part quelconque de cette fête.

Les cabarets ciraient leurs tables, frottaient leurs carreaux, récuraient leurs gobelets d'étain, mettaient des bouchons neufs à leur porte.

Les ménétriers balayaient, ésherbaient, piétinaient la place sur laquelle on devait danser.

Les guinguettes improvisées s'élevaient sous les arbres, comme les tentes, non pas d'un champ de bataille, mais d'un camp de plaisir.

Enfin, jeunes gens et jeunes filles apprêtaient leurs toilettes, de même qu'avant une grande revue les soldats qui doivent y prendre part apprêtent leurs armes.

Le matin de ce fameux jour, tout s'éveillait de bonne heure, tout vivait, tout agissait, tout se préparait dès l'aube.

Les jeux de bagues fixaient leur mécanique tournante; les roulettes en plein air s'affermissaient sur leurs quatre pieds boiteux; les poupées de plâtre destinées à être brisées par les balles de l'arbalète s'alignaient sur leurs pals; les lapins attendaient tristement, craintifs et les oreilles couchées sur le cou, l'heure où un anneau adroitement enfilé dans un piquet disposerait de leur sort et les ferait passer du panier du spéculateur dans la casserole du gagnant.

Pour le village, dès le matin, la fête était donc la fête.

Il n'en était pas de même pour les représentans que la ville devait envoyer à cette fête, et qui ne partaient que vers trois ou quatre heures de l'après-midi, à moins que des invitations particulières ou des liens de famille avec les fermiers ou les principaux habitans du village ne changeassent pour eux les habitudes générales.

Donc, vers trois ou quatre heures de l'après-midi, selon que le village était plus ou moins distant de la ville, une longue procession commençait à se dérouler sur la route.

Elle se composait de fashionables à cheval, d'aristocrates en voiture, et de membres du tiers état à pied.

Ces membres du tiers état, c'étaient les clercs de notaire, les commis de contributions, les ouvriers élégans, ayant sous le bras chacun une jolie fille en bonnet à rubans roses ou bleus, narguant sous sa jupe de jaconas ou d'indienne, avec ses yeux vifs et ses dents blanches, la dame en chapeau et en char à bancs qui passait orgueilleusement près d'elle.

A cinq heures, tout le monde était au rendez-vous, et la fête avait sa véritable signification, car elle contenait les trois élémens constitutifs : aristocrates, bourgeois, paysans.

Tout cela dansait dans la même enceinte, c'est vrai, mais cependant sans se mêler : chaque caste formait son quadrille, et, si l'un de ces quadrilles était enviable et envié, c'était celui des grisettes aux rubans roses et bleus.

A neuf heures du soir le chapelet de la danse s'égrenait; tout ce qui appartenait à la ville reprenait le chemin de la ville : aristocrates en voiture; clercs, commis, ouvriers et grisettes à pied.

C'étaient ces longs retours sous l'ombre des grands arbres, sous les rayons tamisés de la lune, sous les premières brises chaudes de l'année, qui étaient charmans.

Ces fêtes étaient plus ou moins courues, selon l'importance des villages ou selon leur situation plus ou moins pittoresque.

Sous ce rapport, Corcy était placé au premier rang.

Rien de plus gracieux que ce petit village, situé à l'entrée des vallées de Nadon, et formant un angle aigu avec les étangs de la Ramée et de Javaye.

A dix minutes du chemin de Corcy, il y a surtout un site d'un caractère tout particulier, doux et sauvage à la fois : on l'appelle la fontaine du Prince.

Rappelons ici, en passant, que c'était auprès de cette fontaine que Mathieu avait donné son double rendez-vous au Parisien et à Catherine, et revenons à Corcy.

Dès quatre heures de l'après-midi, Corcy était donc en pleine fête.

Transportons nos lecteurs, non pas précisément au milieu de cette fête, mais à la porte d'un de ces cabarets improvisés dont nous parlions tout à l'heure.

Ce cabaret, qui revivait tous les ans, pendant trois jours, d'une vie nouvelle et éphémère, était une ancienne maison de garde abandonnée, et qui, par suite de cet abandon, restait fermée trois cent soixante jours par année.

Pendant les trois jours de fête, l'inspecteur mettait cette maison à la disposition d'une bonne femme nommée la mère Tellier, de son état cabaretière à Corcy, laquelle faisait de cette maison une succursale de son établissement.

La fête durait trois jours, disons-nous. Des cinq jours que nous avons distraits de l'année, le premier fait la veille, le dernier le lendemain, c'est-à-dire que le premier représente les préparatifs de la fête et le dernier le rangement obligé qui suit la fête.

Tant que la fête durait, le cabaret vivait, buvait, chantait : on l'eût dit éternel.

Puis il se refermait pour trois cent soixante autres jours, pendant lesquels il restait morne, silencieux, endormi, en léthargie : on l'eût dit mort.

Il était situé à moitié chemin de Corcy à la fontaine du Prince, de sorte qu'il offrait une halte toute naturelle à ceux qui allaient à la fontaine.

Et entre les contredanses, vu le charme du site et ce besoin de solitude si naturel aux amoureux, tout le monde allait du village à la fontaine et s'arrêtait au cabaret de la mère Tellier pour boire un verre de vin et manger un quartier de flan à la crème.

Vers cinq, six et sept heures, l'établissement momentané de la mère Tellier était donc à l'apogée de sa splendeur, puis, peu à peu, il se démeublait, devenait de plus en plus solitaire, et, en général, vers dix heures du soir, il fermait ses paupières de bois et s'endormait sous la garde d'une jeune fille nommée Babet, qui suppléait la mère Tellier et était honorée de toute sa confiance.

Le lendemain, dès le point du jour, il bâillait d'abord à la porte, puis, l'un après l'autre, ouvrait ses deux volets, et comme la veille attendait résolûment les consommateurs.

Les consommateurs se tenaient de préférence sous une espèce de marquise champêtre, formée à l'extérieur de la maison par des lierres, des vignes et des liserons, montant le long de piliers qui supportaient cet avant-toit de verdure.

En face, au pied d'un hêtre, géant d'un autre âge et qui semblait entouré de ses enfans, s'élevait une hutte de feuillage sous laquelle rafraîchissait le jour le vin qu'on rentrait le soir, la confiance de la mère Tellier dans la sobriété et la probité de ses compatriotes n'allant pas jusqu'à laisser le liquide tentateur passer la nuit au grand air, si rafraîchissant qu'il fût comparé à l'air du jour.

Or, vers sept heures du soir, en même temps que la place de la fête présentait l'aspect le plus animé, la succursale du cabaret de la mère Tellier offrait de son côté celui d'une réunion des plus brillantes.

Elle se composait de buveurs de vin à dix, à douze et à quinze sous, la mère Tellier avait trois prix, et de consommateurs de flan et de frangipane.

Quelques-uns plus affamés allaient cependant jusqu'à l'omelette, la salade au lard ou le saucisson.

Cinq tables sur six étaient occupées, et la mère Tellier et mademoiselle Babet suffisaient à peine à faire face aux fréquens appels des consommateurs.

À l'une de ces tables étaient assis deux des gardes qui avaient assisté le matin à la chasse du sanglier détourné par notre ami François.

Ces deux gardes, c'étaient Bobineau et Lajeunesse.

Bobineau, gros bonhomme tout rond, à l'œil à fleur de tête, à la figure épanouie, natif d'Aix en Provence, tout gai, passant sa vie à blaguer les autres et à être blagué lui-même, grasseyant en parlant, comme un véritable Provençal qu'il était, plein de verve dans l'attaque comme dans la défense, et, dans l'un ou l'autre cas, trouvant des mots qu'on cite encore aujourd'hui qu'il est mort depuis quinze ans.

Lajeunesse, grand, sec, maigre, baptisé de ce nom juvénil, en 1784, par le duc d'Orléans Philippe-Égalité, parce qu'à cette époque il était le plus jeune des gardes, avait conservé son sobriquet, quoiqu'il en fût devenu à peu près le plus vieux ; il était aussi grave que Bobineau était rieur, aussi sobre de paroles que Bobineau était bavard.

À gauche de la maison, sur sa face orientale, le reste d'une haie, qui, peut-être autrefois s'était prolongée carrément pour faire une espèce d'enclos à la maison, mais qui, aujourd'hui, se contentait d'aller, par un retour de cinq ou six pieds, jusqu'à la hutte en feuillages, au-delà de laquelle elle disparaissait, laissant l'abord de la maison parfaitement libre.

Derrière cette haie, ouverte par une porte dont la partie solide était absente et dont il ne restait plus que les deux poteaux, une espèce de monticule couronné par un grand chêne au pied couvert de mousse et dominant la petite vallée où coule la fontaine du Prince.

Au pied de ce monticule, en dehors de la haie, Mathieu jouait aux quilles, nous allions dire avec trois ou quatre garnemens de son espèce, mais nous nous reprenons, les garnemens de son espèce étant assez rares pour qu'on n'en fasse point si facile collection.

Plus loin, sous l'ombre mystérieuse de la forêt, sur ce tapis de mousse, qui assourdit les pas aux troisième, quatrième et cinquième plans, comme on dit au théâtre, dans le crépuscule qui commençait à tomber, passaient, s'effaçant de plus en plus, selon leur plus ou moins d'éloignement, les promeneurs solitaires ou accouplés.

Puis, comme un accompagnement aux voix des buveurs, des mangeurs, des joueurs de quilles et des promeneurs, on entendait le son des violons et le cri de la clarinette, qui ne s'éteignaient à distance égale que juste ce qu'il fallait de temps aux cavaliers pour reconduire les danseuses à leurs bancs, choisir une autre dame et se remettre en place pour une nouvelle contredanse.

Et maintenant que notre toile est levée, que notre mise en scène est rendue compréhensible par l'explication, ramenons nos lecteurs sous la treille de la mère Tellier, occupée à servir en ce moment un sybarite qui a demandé une omelette au lard et du vin à douze, tandis que Babet apporte à Bobineau et à Lajeunesse un morceau de fromage de la grosseur d'une brique, lequel les aidera à finir leur seconde bouteille de vin.

— Eh bien ! voilà ce que c'est, disait de son air grave Lajeunesse à Bobineau, lequel, d'autant plus penché en arrière que l'autre était penché en avant, l'écoutait avec son air gouailleur ; et, si tu en doutes, tu pourras le voir de tes propres yeux. Quand je dis de tes propres, tu comprends, c'est une manière de parler. Celui dont je te parle est un nouveau venu ; il arrive d'Allemagne, du pays du père à Catherine, et il s'appelle Mildet.

— Et où va-t-il demeurer, ce gaillard-là ? demanda Bobineau avec ce charmant accent provençal que nous avons déjà dit lui être particulier.

— À l'autre bout de la forêt, à Montaigu ; il a une petite carabine pas plus haute que ça. Quinze pouces de canon, du calibre 30, des balles comme des chevrotines. Il vous prend un fer à cheval, il le cloue le long de la muraille, et, à cinquante pas, il met, les unes après les autres, une balle dans chacun de ses trous.

— Troun de l'air ! dit Bobineau, prononçant son juron familier en riant comme d'habitude, si bien que la muraille est percée ! Pourquoi donc ne se fait-il pas maréchal, ce gaillard-là, il n'aurait pas peur des coups de pied de chevaux... Quand je verrai ça, je le croirai, n'est-ce pas, Molicar ?

Cette interpellation s'adressait à un nouveau venu, qui, après avoir été butter dans les quilles de Mathieu, faisait son entrée, accompagné des malédictions des joueurs, lesquels le menaçaient de prendre ses jambes, passablement avinées, comme un supplément à leur jeu.

À son nom, le disciple de Bacchus, comme on disait encore à cette époque-là au Caveau moderne,—à l'agonie de laquelle j'ai eu la douleur d'assister,—à son nom, disons-nous, Molicar se retourna et, reconnaissant comme à travers un brouillard celui qui l'avait interpellé :

— Ah ! murmura-t-il en écarquillant les yeux et en arrondissant la bouche, c'est toi, Bobineau ?

— Oui, c'est moi.

— Et tu dis ?... Répète un peu ce que tu disais, tu me feras plaisir.

— Rien, des bamboches ; c'est ce farceur de Lajeunesse qui me fait poser.

— Mais, dit Lajeunesse, blessé dans son amour-propre de narrateur, quand je te dis...

— À propos, Molicar, reprit Bobineau, qu'est devenu ton procès avec le voisin Lafarge ?

— Mon procès ? demanda Molicar, qui, dans la situation d'esprit un peu embarrassée dans laquelle il se trouvait, avait quelque peine à enjamber d'une idée à l'autre.

— Oui, ton procès.

— Avec Lafarge le perruquier ?

— Oui.

— Je l'ai perdu, mon procès.

— Comment l'as-tu perdu ?

— Je l'ai perdu parce que j'ai été condamné.

— Par qui ?

— Par monsieur Bassinot, le juge de paix.

— Et à quoi as-tu été condamné ?

— À trois francs d'amende.

— Que lui avais-tu donc fait, à Lafarge le perruquier ? demanda Lajeunesse avec sa gravité ordinaire.

— Ce que je lui avais fait ? demanda Molicar, oscillant sur ses jambes comme un balancier de pendule. Je lui avais détérioré le nez. Mais cela sans mauvaise intention, parole d'honneur ! Tu connais bien le nez de Lafarge le perruquier, n'est-ce pas Bobineau ?

— D'abord, rectifions, dit le joyeux Provençal, ce n'est pas un nez, c'est un manche.

— Oh ! il l'a dit ! il a trouvé le mot. Satané Bobiné, va ! Non, je veux dire satané Bobineau. C'est la langue qui me fourche.

— Eh bien ? demanda Lajeunesse.

— Eh bien ! quoi ? demanda à son tour Molicar, déjà à cent lieues de la conversation.

— Il demande l'histoire du nez du père Lafarge.

— C'est vrai. C'était justement il y a aujourd'hui quinze jours, continua Molicar, en essayant par un geste obstinément répété d'écarter de lui une mouche qui n'existait pas, nous sortions ensemble du cabaret.

— Alors vous étiez gris, dit Bobineau.

— Non, foi d'homme ! répliqua Molicar.

— Je te dis que vous étiez gris.

— Et moi, je te dis que non ; nous étions ivres.

Et Molicar éclata de rire, lui aussi il avait trouvé son mot.

— À la bonne heure ! dit Bobineau.

— Mais tu ne te corrigeras donc jamais ? demanda Lajeunesse.

— De quoi ?

— De te griser.

— Me corriger ! pourquoi faire ?

— Cet homme est plein de raison, dit Bobineau ; un verre de vin, Molicar.

Molicar secoua la tête.

— Comment, tu refuses ?

— Oui.

— Tu refuses un verre de vin, toi ?

— Deux, ou pas.

— Bravo !

— Pourquoi deux ? demanda Lajeunesse, dont l'esprit, plus mathématique que celui de Bobineau, demandait pour toute chose une solution positive.

— Parce qu'un seul, dit Molicar, ça ferait le treizième de ce soir.

— Ah ! oui, fit Bobineau.

— Et que treize verres de vin cela me porterait malheur.

— Superstitieux, va ! Continue, tu auras les deux verres.

— Nous sortions donc du cabaret, continua Molicar se rendant à l'invitation de Bobineau.

— Quelle heure était-il ?

— Oh ! de bonne heure.

— Enfin ?

— Il pouvait être une heure ou une heure et demie du matin ; je voulais rentrer chez moi, comme il convient à un honnête homme qui a trois femmes et un enfant.

— Trois femmes !

— Trois femmes et un enfant.

— Quel pacha !

— Eh ! non ; une femme et trois enfans, qu'il est bête ce Bobineau ! Est-ce qu'on peut avoir trois femmes ; si j'avais eu trois femmes, je ne serais pas rentré chez moi. Souvent je n'y rentre pas parce que j'en ai déjà trop d'une. Bon ! voilà qu'il me prend cette mauvaise idée de dire à Lafarge le perruquier, qui demeure sur la place de la Fontaine, tandis que moi, comme tu sais, je demeure au bout de la rue de Larguy ; voilà qu'il me prend cette mauvaise idée de lui dire : Voisin, reconduisons-nous. Vous me reconduirez d'abord, je vous reconduirai ensuite, puis ça sera votre tour, puis le mien, et à chaque voyage nous nous arrêterons chez la mère Moreau, pour boire chopine.

— Ah ! dit-il, c'est une idée, cela.

— Oui, reprit Bobineau, tu n'avais probablement, comme aujourd'hui absorbé que treize verres, et tu craignais que cela te portât malheur.

— Non, ce jour-là, je ne les avais pas comptés, et c'est un tort, ça ne m'arrivera plus. Nous nous en allions donc ensemble comme deux bons amis, comme deux vrais voisins, quand, en arrivant à la porte de mademoiselle Chapuis, tu sais, la directrice de la poste ?

— Oui.

— Il y avait une grosse pierre, il faisait une nuit !... Tu as de bons yeux, toi, n'est-ce pas, Lajeunesse ? Tu as de bons yeux, toi, n'est-ce pas, Bobineau ? Eh bien ! par cette nuit-là, vous auriez pris un chat pour un garde champêtre.

— Jamais, dit gravement Lajeunesse.

— Jamais ! Tu dis jamais ?

— Mais non, il ne dit rien.

— S'il ne dit rien, c'est autre chose, et c'est moi qui ai tort.

— Oui, tu as tort, continue.

— Quand, arrivé à la porte de mademoiselle Chapuis, la directrice de la poste, je rencontre la pierre. Comme un pauvre malheureux que j'étais, je ne la voyais pas. Comment l'aurais-je vue ?... le voisin Lafarge ne voyait pas son nez, qui est bien plus près de ses yeux que mes yeux ne l'étaient de la pierre. Je trébuche, je tends la main, je me rattrape à ce que je peux. Bon ! c'était le nez du voisin Lafarge. Dame ! vous savez, quand on se noie dans l'eau, on tient ferme, mais quand on se noie dans le vin, c'est encore pis. Ma foi ! ça a fait l'effet, tiens, la même effet que quand tu tires ton couteau de chasse de la gaîne, Bobineau ; le voisin Lafarge a tiré son nez de ma main, mais la peau de son nez, elle est restée dans ma main. Vous voyez bien qu'il n'y avait pas de ma faute, d'autant plus que je n'ai pas refusé un instant de la lui rendre, sa satanée peau. Eh bien ! le juge de paix, il m'a condamné à trois francs de dommages et intérêts pour cela.

— Et le voisin Lafarge a eu la petitesse de les toucher, tes trois francs ?

— Oui, mais nous venons de les jouer à la boule. Je les lui ai regagnés, et nous les avons bus. Mon quatorzième verre, Bobineau ?

— Dites donc, père Bobineau, fit Mathieu, interrompant les interlocuteurs, ne disiez-vous pas que vous cherchiez monsieur l'inspecteur ?

— Non, répondit Bobineau.

— Je croyais, et comme il vient par ici, je vous en prévenais, afin que vous n'ayez pas la peine d'aller le chercher.

— En ce cas-là !... dit le père Lajeunesse en mettant la main à sa poche.

— Eh bien ! dit Bobineau, que fais-tu donc ?

— Je paie pour nous deux. Tu me rendras cela plus tard, autant vaut que monsieur l'inspecteur ne nous voie pas à la table d'un cabaret : pour un verre de vin qu'on prend par hasard, il croirait qu'on en fait habitude. C'est trente-quatre sous, n'est-ce pas, mère Tellier ?

— Oui, messieurs, dit la mère Tellier.

— Eh bien ! voilà ; et au revoir.

— Oh ! les lâches ! dit Molicar en s'asseyant à la table qu'ils venaient d'abandonner, et en mirant au soleil couchant une troisième bouteille à peine entamée ; les lâches ! de quitter le champ de bataille quand il reste encore des ennemis.

Et emplissant bord à bord les deux verres et les choquant l'un contre l'autre :

— A ta santé ! Molicar, dit-il.

Pendant ce temps, les deux gardes, si pressés qu'ils fussent de disparaître, s'étaient arrêtés appuyés l'un à l'autre, et regardaient avec stupéfaction un nouveau venu qui venait d'entrer en scène.

Ce nouveau venu, c'était Bernard.

Mais Bernard pâle, défiguré, sa cravate ouverte et le front couvert de sueur.

XV

LE SERPENT.

Le jeune homme était si changé que ses deux camarades furent un instant à le regarder sans le reconnaître.

Puis enfin, Lajeunesse se hasardant :

— Tiens, dit-il, c'est Bernard. Bonjour, Bernard.

— Bonjour, répondit brusquement Bernard, visiblement contrarié de les voir là.

— Te voilà ici, toi ? hasarda à son tour Bobineau.

— Et pourquoi pas! Est-ce défendu de venir à la fête, quand on veut s'amuser ?

— Oh! je ne dis pas que cela soit défendu, trou de l'air! reprit Bobineau, seulement, ça m'étonne de te voir seul.

— Seul ?

— Oui.

— Et avec qui donc veux-tu que je sois ?

— Mais il me semble que lorsqu'on a une fiancée, une jeune et belle fiancée...

— Ne parlons plus de cela, dit Bernard en fronçant le sourcil.

Puis frappant une table avec la crosse de son fusil.

— Du vin! cria-t-il.

— Chut! dit Lajeunesse.

— Pourquoi chut?

— Monsieur l'inspecteur est ici.

— Eh bien! après?

— Je te dis : fais attention, monsieur l'inspecteur est ici; voilà tout.

— Eh bien ! qu'est-ce que ça me fait à moi, qu'il soit ici ou qu'il n'y soit pas, monsieur l'inspecteur.

— Oh! oh! c'est autre chose alors.

— Il y a de la brouille dans le ménage, dit Bobineau à Lajeunesse en le touchant du bras.

Lajeunesse fit signe que c'était aussi son opinion, puis se retournant du côté de Bernard :

— Ce que j'en disais, vois-tu , Bernard , continua-t-il ce n'est point pour te régenter ou t'être désagréable; mais c'est que, tu sais, monsieur l'inspecteur, il n'aime pas qu'on nous voie au cabaret.

— Et si j'aime à y aller, moi? répondit Bernard. Crois-tu que c'est monsieur l'inspecteur qui m'empêchera de faire à ma volonté? Frappant alors une seconde fois sur la table, avec plus de violence que la première :

— Du vin! criait-il, du vin!

Les deux gardes virent alors que c'était un parti pris.

— Allons! allons! dit Bobineau, il ne faut pas empêcher un fou de faire sa folie. Viens Lajeunesse, viens.

— N'en parlons plus, dit Lajeunesse. Adieu! Bernard.

— Adieu! répondit celui-ci de sa voix brève et tranchante, adieu!

Les deux gardes s'éloignèrent du côté opposé à celui par lequel venait l'inspecteur, qui, du reste, absorbé dans sa conversation et ayant la vue basse, passa près du cabaret sans voir ni les deux gardes ni Bernard.

— Mais viendra-t-on? cria celui-ci en donnant à la table un coup de crosse qui faillit la faire tomber en éclats.

La mère Tellier accourut, une bouteille de chaque main, et sans savoir encore quel était le buveur impatient qui demandait du vin avec tant de violence :

— Voilà! voilà! voilà! dit-elle, notre provision de vin en bouteille est épuisée, et il a fallu le temps de tirer du tonneau.

Puis, reconnaissant alors seulement celui à qui elle avait affaire :

— Ah! c'est vous, dit elle, cher monsieur Bernard. Mon Dieu! comme vous êtes pâle!

— Vous trouvez, la mère? dit le jeune homme, eh bien! c'est pour cela que je veux boire : le vin donne des couleurs.

— Mais vous êtes malade, monsieur Bernard, insista la mère Tellier.

Bernard haussa les épaules et, lui arrachant une des bouteilles de la main :

— Donnez donc! dit-il.

Et, portant la bouteille à ses lèvres, il but à même.

— Seigneur Dieu! s'écria la bonne femme, regardant avec stupéfaction Bernard accomplir cette action si fort en dehors de ses habitudes; vous allez vous faire mal, mon enfant.

— Bon! dit Bernard en s'asseyant et posant violemment la bouteille sur sa table, laissez-moi boire celui-là; qui sait si vous m'en servirez jamais d'autre?

La stupéfaction de la mère Tellier allait croissant, elle oubliait toutes ses autres pratiques pour ne s'occuper que du jeune homme.

— Mais qu'est-il arrivé donc, cher monsieur Bernard? insista-t-elle.

— Rien; seulement, donnez-moi une plume, de l'encre et du papier.

— Une plume, de l'encre et du papier.

— Oui, allez.

La mère Tellier s'empressa d'obéir.

— Une plume, de l'encre et du papier, répéta Molicar, de plus en plus ivre et en achevant la troisième bouteille de Lajeunesse et de Bobineau. Excusez, monsieur le notaire! Est-ce qu'on vient au cabaret pour demander des plumes, de l'encre et du papier? on vient au cabaret pour demander du vin.

Puis joignant l'exemple au précepte :

— Du vin! la mère Tellier, du vin! cria-t-il.

Pendant ce temps, la mère Tellier, laissant à Babet le soin de servir Molicar, était revenue à Bernard, et avait déposé devant lui les trois choses demandées.

Bernard leva les yeux sur elle, et s'apercevant qu'elle était habillée de noir :

— Pourquoi êtes vous en deuil? demanda-t-il.

La bonne femme pâlit à son tour, et d'une voix à moitié suffoquée :

— O mon Dieu! dit-elle, vous ne vous souvenez donc plus du grand malheur qui m'est arrivé?

— Je ne me souviens de rien, dit Bernard. Pourquoi donc êtes-vous en deuil!

— Eh! vous le savez bien, mon bon monsieur Bernard, puisque vous êtes venu à son enterrement. Je suis en deuil de mon pauvre enfant, Antoine, qui est mort il y a un mois.

— Ah! pauvre femme!

— Je n'avais que lui, monsieur Bernard, un fils unique, et le bon Dieu me l'a repris tout de même. Oh! il me manque bien, allez! Quand une mère a eu son enfant vingt ans sous les yeux et que tout à coup son enfant n'est plus là, que faire? pleurer. On pleure; mais que voulez-vous? ce qui est perdu est perdu.

Et la bonne femme éclata en sanglots.

Molicar choisit ce moment pour entonner une chanson; c'était sa chanson favorite et le thermomètre de ce que le bonhomme pouvait jauger de liquide.

Quand il commençait sa chanson c'est qu'il était ivre.

Il commença:

> Si j'avais dans mon jardin
> Un seul carré de vignes.

Cette chanson, venant pour insulter à la douleur de la mère Tellier, douleur si sympathique à Bernard derrière sa fausse indifférence, fit bondir celui-ci comme si la douleur l'eût frappé d'un aiguillon aussi nouveau qu'inattendu.

— Veux tu te taire! cria-t-il.

Mais Molicar, ne faisant aucune attention à la défense de Bernard, reprit:

> Si j'avais dans mon jardin...

— Tais-toi! te dis-je, fit le jeune homme avec un geste de menace.

— Et pourquoi ça, me taire? dit Molicar.

— N'entends-tu pas ce que dit cette femme! ne vois-tu pas qu'il y a là une mère qui pleure, et qui pleure son enfant?

— C'est vrai, dit Molicar, je vais chanter tout bas.

Et il reprit à demi-voix:

> Si j'avais. . . . .

— Ni bas, ni haut! cria Bernard. Tais-toi, ou va-t-en.

— Oh! dit Molicar, c'est bon, je m'en vas. J'aime les cabarets où l'on rit et pas ceux où l'on pleure. Mère Tellier, mère Tellier, fit-il en frappant sur la table, venez chercher votre dû.

— C'est bien! dit Bernard, je réglerai ton compte. Laisse-nous.

— Bon! fit Molicar chancelant, je ne demande pas mieux.

Et il s'éloigna, s'appuyant aux arbres et chantant toujours plus haut à mesure qu'il s'éloignait:

> Si j'avais dans mon jardin
> Un seul carré de vignes.

Bernard le regarda s'éloigner avec un profond dégoût, puis revenant à l'hôtelière qui continuait à pleurer:

— Oui vous avez raison, dit-il, ce qui est perdu est perdu; tenez, mère Tellier, je voudrais être à la place de votre fils et que votre fils ne fût pas mort.

— Oh! que Dieu vous garde! s'écria la bonne femme; vous, monsieur Bernard?

— Oui, moi! parole d'honneur!

— Vous qui avez de si bons parens! reprit-elle. Ah! si vous saviez le mal que cela fait à une mère de perdre son enfant, vous ne risqueriez pas un pareil souhait.

Pendant ce temps, Bernard essayait d'écrire, mais inuti-

lement; la main lui tremblait si fort, qu'il ne pouvait former une lettre.

— Oh! je ne peux pas! je ne peux pas! s'écria-t-il en écrasant la plume sur la table.

— En effet, dit la bonne femme, vous tremblez comme si vous aviez la fièvre.

— Tenez, reprit Bernard, rendez-moi un service, mère Tellier.

— Oh! bien volontiers, monsieur Bernard! s'écria la bonne femme; lequel?

— Il n'y a qu'un pas d'ici à la maison neuve du chemin de Soissons, n'est-ce pas?

— Dame! pour un quart d'heure de chemin, en marchant bien.

— Alors, faites-moi l'amitié... je vous demande bien pardon de la peine.

— Dites donc toujours.

— Faites-moi l'amitié d'aller là-bas, de demander Catherine.

— Elle est donc revenue?

— Oui, ce matin; et de lui dire que je lui écrirai bientôt.

— Que vous lui écrirez bientôt?

— Demain, aussitôt que je ne tremblerai plus.

— Vous quittez donc le pays?

— On dit que nous allons avoir la guerre avec les Algériens.

— Qu'est-ce que ça vous fait, la guerre, à vous, qui avez tiré à la conscription et qui avez pris un bon numéro?

— Vous allez aller où je vous dis, n'est-ce pas, mère Tellier?

— Oui, à l'instant même, cher monsieur Bernard; mais...

— Mais quoi?

— A vos parens?

— Après, à mes parens?

— Que voulez-vous que je leur dise?

— A eux?

— Oui.

— Rien.

— Comment! rien?

— Non, rien, sinon que je suis passé par ici, qu'ils ne me reverront plus, et que je leur dis adieu.

— Adieu! répéta la mère Tellier.

— Dites-leur encore qu'ils gardent Catherine avec eux, que je leur serai reconnaissant de toutes les bontés qu'ils auront pour elle; et puis encore que, si par hasard je venais à mourir, comme votre pauvre Antoine, je les prie de faire Catherine leur héritière.

Et le jeune homme, au bout de sa fièvre, et par conséquent de sa force, laissa tomber, avec un soupir qui ressemblait à un sanglot, sa tête entre ses deux mains.

La mère Tellier le regardait avec une profonde pitié.

— Eh bien! c'est dit, monsieur Bernard, reprit-elle. Voici la nuit tout à fait venue; je n'aurai plus beaucoup de monde maintenant; Babet suffira pour servir. Je cours à la Maison-Neuve.

Puis, à elle-même et en rentrant chez elle:

— Je crois, dit-elle, que c'est un service à lui rendre, pauvre garçon!

On entendait dans le lointain la voix avinée de Molicar qui chantait:

> Si j'avais dans mon jardin
> Un seul carré de vignes.

Bernard resta quelques minutes plongé dans ses réflexions, réflexions douloureuses et profondes qui se trahissaient par les soubresauts convulsifs de ses épaules; puis enfin, relevant le front, secouant la tête et se parlant à lui-même:

— Allons! du courage, dit-il, encore un verre de vin, et partons.

— Oh! c'est égal, dit derrière Bernard une voix dont le

timbre le fit tressaillir; moi, je ne partirais pas comme cela.

Bernard se retourna, quoique à la rigueur il n'eût pas besoin de se retourner. Il avait reconnu la voix.

— C'est toi, Mathieu? dit-il.

— Oui, c'est moi, répondit celui-ci.

— Que disais-tu?

— Vous n'avez pas entendu? Bon! vous avez l'oreille dure.

— J'ai entendu, mais je n'ai pas compris.

— Eh bien! je vais répéter.

— Répète.

— Je disais qu'à votre place, je ne partirais pas comme cela.

— Tu ne partirais pas?

— Non; du moins sans... suffit, je m'entends.

— Sans quoi? voyons.

— Eh bien! sans me venger de l'un ou de l'autre. Voilà le grand mot lâché.

— Qui?... quoi?... de l'un ou de l'autre?

— Oui, de l'un ou de l'autre, de lui ou d'elle.

— Est-ce que je puis me venger de mon père et de ma mère? fit Bernard en haussant les épaules.

— Allons donc! de votre père ou de votre mère! Est-ce qu'il est question d'eux dans tout cela?

— Mais de qui est-il donc question?

— Bon! il est question du Parisien et de mademoiselle Catherine.

— De Catherine et de monsieur Chollet! s'écria Bernard en se dressant sur ses pieds comme si une vipère l'eût mordu.

— Eh! oui.

— Mathieu! Mathieu!

— Bon! voilà qui m'avertit de ne rien dire.

— Pourquoi cela?

— Tiens! parce que ça retomberait encore sur moi ce que je dirais.

— Non, non, Mathieu; non, je te le jure; parle.

— Mais vous ne devinez donc pas? dit Mathieu.

— Que veux-tu que je devine? Voyons, je te le répète, parle.

— Ah! par ma foi! continua le vagabond, ce n'est pas la peine d'avoir de l'esprit et de l'éducation pour être sourd et aveugle.

— Mathieu! s'écria Bernard, as-tu vu ou entendu quelque chose?

— La chouette voit clair la nuit, dit Mathieu; elle a les yeux ouverts quand les autres les ont fermés. Elle veille quand les autres dorment.

— Voyons, répéta Bernard en essayant d'adoucir sa voix, qu'as-tu vu et qu'as-tu entendu? Ne me fais pas languir plus longtemps, Mathieu.

— Eh bien! répondit celui-ci, l'obstacle à votre mariage, car il y a un obstacle, n'est-ce pas?

— Oui, après?

— Savez-vous d'où il vient?

La sueur coulait sur le front de Bernard.

— De mon père, dit-il.

— De votre père! Ah! bien oui! Il ne demanderait pas mieux que de vous voir heureux. Il vous aime, pauvre cher homme!

— Ah!... et l'obstacle alors vient de quelqu'un qui ne m'aime pas?

— Dame! reprit Mathieu, sans perdre de son œil louche aucune des émotions qui se succédaient sur le visage de Bernard, dame! vous savez, il y a quelquefois des gens qui font comme ça semblant de vous aimer, qui disent: Mon cher Bernard par-ci, mon cher Bernard par-là, et, au fond, qui vous trompent.

— Voyons, de qui vient l'obstacle, mon cher Mathieu, de qui vient-il? dis.

— Oui, pour que vous me sautiez à la gorge et que vous m'étrangliez.

— Non, non, foi de Bernard, je te le jure!

— En attendant, dit Mathieu, laissez-moi m'éloigner un peu de vous.

Et il fit deux pas en arrière.

Puis, se sentant un peu plus en sûreté par la distance:

— Eh bien! dit-il, ne voyez-vous pas que l'obstacle vient de mademoiselle Catherine.

Bernard devint livide, mais il ne fit pas un mouvement.

— De Catherine? reprit-il; tu avais dit de quelqu'un qui ne m'aimait pas; prétendrais-tu que Catherine ne m'aime pas, par hasard?

— Je prétends, dit Mathieu s'enhardissant au calme affecté de Bernard, qu'il y a des jeunes filles, quand elles ont tâté de Paris surtout, qui aiment mieux être à Paris la maîtresse d'un jeune homme riche que d'être la femme d'un jeune homme pauvre dans un village.

— Tu ne dis pas cela pour Catherine et pour le Parisien, j'espère?

— Hé! hé! fit Mathieu, qui sait?

— Malheureux! s'écria Bernard en s'élançant d'un seul bond sur Mathieu et en le saisissant des deux mains à la gorge.

— Eh bien! que vous avais-je dit! s'écria Mathieu d'une voix étranglée et en faisant d'inutiles efforts pour se débarrasser de l'étreinte de fer. Voilà que vous m'étranglez, monsieur Bernard. Monsieur Bernard, nom d'un nom! je ne vous dirai plus rien.

Bernard voulait tout savoir. Quiconque a trempé ses lèvres dans la coupe amère de la jalousie veut boire depuis l'écume jusqu'à la lie.

Bernard lâcha Mathieu et laissa retomber ses deux bras inertes.

— Mathieu, dit-il, je te demande pardon, parle, parle; mais si tu mens!

Et ses poings se fermèrent et ses bras se raidirent.

— Eh bien! si je mens, dit Mathieu, il sera temps de vous fâcher; mais comme vous vous fâchez d'abord, je ne parlerai pas.

— J'ai eu tort, reprit Bernard en forçant tous ses traits d'exprimer le calme, quand toutes les vipères de la jalousie lui mordaient le cœur.

— Eh bien! à la bonne heure, dit Mathieu, vous voilà raisonnable.

— Oui.

— Mais n'importe, continua le vagabond.

— Comment! n'importe.

— Oui, j'aime mieux vous faire voir, j'aime mieux vous faire toucher la chose. Ah! vous êtes de l'acabit de saint Thomas, vous!

— Oui, dit Bernard, tu as raison; fais-moi voir, Mathieu, fais-moi voir.

— Je veux bien.

— Ah! tu veux bien.

— Mais à une condition.

— Laquelle?

— Vous me donnerez votre parole d'honneur de voir jusqu'au bout.

— Jusqu'au bout. Oui, parole d'honneur! Mais quand saurai-je que je suis au bout? Quand saurai-je que j'ai tout vu?

— Dame! quand vous aurez vu mademoiselle Catherine et monsieur Chollet à la fontaine du Prince.

— Catherine et monsieur Chollet à la fontaine du Prince! s'écria Bernard.

— Oui.

— Et quand verrai-je cela, Mathieu?

— Il est huit heures. Huit heures combien? Voyez à votre montre, monsieur Bernard.

Bernard tira sa montre d'une main qui était devenue ferme. En approchant de la lutte, l'athlète reprenait ses forces.

— Huit heures trois quarts, dit-il.

— Eh bien! dans un quart d'heure, reprit Mathieu; ce n'est pas bien long, n'est-ce pas?

— A neuf heures, alors, dit Bernard, passant sa main sur son front couvert de sueur.

— A neuf heures, oui.

— Catherine et le Parisien à la fontaine du Prince ! murmura Bernard, demeurant incrédule malgré l'assurance de Mathieu : mais que viennent-ils y faire ?

— Dame ! je n'en sais rien, dit Mathieu, qui ne perdait pas un mot de Bernard, pas un mouvement de sa physionomie, pas un des tressaillemens de son cœur : organiser leur départ, peut-être.

— Leur départ ! fit Bernard serrant sa tête entre ses deux mains comme s'il allait devenir fou.

— Oui, continua Mathieu. Ce soir, à Villers-Cotterets, le Parisien cherchait de l'or.

— De l'or ?

— Il en demandait à tout le monde.

— Mathieu, murmura Bernard, tu me fais bien souffrir; si c'est pour le plaisir de me faire souffrir, gare à toi !

— Chut ! dit Mathieu.

— Le pas d'un cheval, murmura Bernard.

Mathieu posa une de ses mains sur le bras de Bernard, et, allongeant l'autre dans la direction d'où venait le bruit : — Regardez, dit-il.

Et Bernard vit, à travers les arbres et au milieu de l'obscurité, s'avancer un cavalier qu'à sa haine surtout il reconnut pour son rival.

Un mouvement instinctif le fit se jeter derrière l'arbre qui se trouvait le plus proche de lui.

XVI

L'OCCASION FAIT LE LARRON.

Le jeune homme s'arrêta à cinquante pas à peu près du cabaret de la mère Tellier, regarda tout autour de lui, et ne voyant rien qui dût l'inquiéter, sauta à bas de son cheval et l'attacha à un arbre.

Puis, après avoir jeté de nouveau dans la nuit un regard investigateur, il s'avança vers le cabaret.

— Ah ! le voilà, murmura Bernard. Ah ! il vient.

Et il fit un mouvement pour se jeter sur son chemin. Mais Mathieu l'arrêta.

— Prenez garde, dit-il, s'il vous voit, vous ne verrez rien, vous.

— Oh ! oui, oui, tu as raison, répondit Bernard, et il tourna autour de l'arbre, pour gagner le côté où il projetait son ombre, tandis que Mathieu se glissait sous la hutte de feuillage, comme le serpent dont il venait de jouer le rôle.

Le jeune homme continua d'avancer, et bientôt se trouva dans le cercle de lumière projetée par les chandelles restées sur les tables des buveurs ; seulement, peu à peu les buveurs avaient disparu.

Le cabaret était ou paraissait être désert. Louis Chollet put donc se croire parfaitement seul.

— Ma foi ! dit-il, en détaillant du regard les différens objets qui se présentaient à lui, je suis bien à peu près sûr que voilà le cabaret de la mère Tellier, mais le diable m'emporte si je sais où est la fontaine du Prince !

Bernard était si près de lui, que, si bas qu'il eût parlé, il avait tout entendu.

— La fontaine du Prince ! répéta-t-il.

Et il regarda autour de lui pour chercher Mathieu.

Mais Mathieu avait disparu, à ses regards du moins, Mathieu était sous la hutte.

— Eh ! mère Tellier, s'écria Louis Chollet, mère Tellier !

La jeune fille que nous avons vue aider la mère Tellier dans le service du cabaret et que nous avons dit se nommer Babet, sortit à cet appel.

— Vous appelez la mère Tellier ? monsieur Chollet, dit-elle.

— Oui, mon enfant, répliqua celui-ci.

— Dame ! c'est qu'elle n'y est pas.

— Où est-elle donc ?

— Elle est allée à la maison neuve du chemin de Soissons, chez les Watrin.

— Diable ! fit le jeune homme, pourvu qu'elle n'aille pas rencontrer Catherine et l'empêcher de venir.

— Rencontrer Catherine et l'empêcher de venir ! répéta Bernard qui ne perdait pas un mot de ce que disait le Parisien.

— Oh ! bah ! continua le jeune homme, ce serait un hasard.

Puis appelant Babet :

— Viens ici, mon enfant, dit-il.

— Qu'y a-t-il pour votre service, monsieur ?

— Peut-être pourras-tu m'enseigner ce que je cherche, toi.

— Dites, monsieur.

— La fontaine du Prince, est-ce encore loin d'ici ?

— Oh ! non. C'est là, monsieur, répondit la jeune fille à cent pas tout au plus d'ici.

— A cent pas !

La jeune fille indiqua le chêne qui s'élevait en dehors de la porte.

— Tenez, dit-elle, du pied de ce chêne vous la voyez.

— Montre-moi cela, mon enfant.

La jeune fille monta sur la butte, au sommet de laquelle s'élevait un chêne magnifique, contemporain de François Ier, et qui était resté debout tandis que douze générations de bois avaient passé.

— Tenez, dit-elle, là-bas, sous ce rayon de lune, ce filet d'eau qui reluit comme un écheveau d'argent, c'est la fontaine du Prince.

— Merci ! mon enfant, dit le jeune homme.

— Il n'y a pas de quoi.

— Si fait, et la preuve, c'est que voilà pour la peine.

Louis Chollet, que le bonheur rendait généreux, tira sa bourse toute gonflée d'or pour y prendre une pièce de monnaie.

Mais la bourse alourdie lui échappa des mains et, tombant à terre, dégorgea sur le sol une partie de la somme qu'elle contenait.

— Bon ! dit Chollet, voilà que je laisse tomber ma bourse.

— Attendez, dit Babet, on va vous éclairer ; ce n'est pas la peine d'en semer, monsieur Chollet, ça ne pousse pas.

— Oh ! murmura Bernard, qui avait tressailli au bruit qu'avait fait la bourse en tombant, c'était donc la vérité !

En ce moment, Babet revenait avec une chandelle, et, la baissant vers le sol, elle faisait reluire une centaine de pièces d'or répandues sur le sable, tandis qu'à travers les mailles de la longue bourse on voyait briller une somme double.

Chollet mit un genou à terre pour ramasser l'or.

S'il eût été moins préoccupé de cette opération, il eût pu voir la tête batracienne de Mathieu, qui s'allongeait hors de la hutte, les yeux fixes et ardens.

— Oh ! en voilà-t-il de l'or, murmura-t-il ; quand on pense qu'il y a des gens qui ont tant d'or, tandis qu'il y en a d'autres...

Chollet fit un mouvement, et la tête de Mathieu rentra sous la hutte, comme une tête de tortue rentre dans sa carapace.

Le jeune homme avait fini sa récolte dorée ; il prit la dernière pièce de vingt francs, et, au lieu de la remettre dans la bourse avec les autres, il la donna à Babet.

— Merci ! ma petite, dit-il, voilà pour toi.

— Une pièce de vingt francs ? s'écria la jeune fille joyeuse, mais vous vous trompez, ce n'est point pour moi tout cela.

— Si fait, ce sera le commencement de ta dot.

On entendit les vibrations de l'horloge du village.

6

— Quelle heure est-ce cela ? demanda le Parisien.

— Neuf heures, répondit l'enfant.

— Ah ! bon, je craignais d'être en retard.

Et appuyant la main sur sa poitrine, pour s'assurer que sa bourse était bien dans la poche de côté de son habit, la poche du gilet eût été trop étroite pour la contenir, il gravit la petite éminence, s'appuya un instant contre le chêne pour regarder devant lui, et descendant vers la petite vallée où coule la fontaine, il disparut.

— Ah ! murmura la jeune fille en mirant sa pièce d'or à la lumière de sa chandelle, à la bonne heure ! c'est ceux-là qui sont riches et généreux !

Et elle rentra dans la maison ; puis, comme il n'y avait plus de chance de voir arriver une pratique quelconque, elle ferma l'un après l'autre les deux volets, et après les deux volets la porte, dont on entendit successivement grincer la serrure et les deux verrous.

Bernard resta seul dans l'obscurité, ou plutôt crut rester seul ; il ne songeait plus à Mathieu.

Il demeurait l'épaule appuyée au hêtre, le sourcil douloureusement froncé, une main sur son cœur, l'autre crispée autour du canon de son fusil.

Mathieu l'examinait à travers une ouverture qu'il avait pratiquée dans les branchages de la hutte.

On eût dit Bernard changé en statue, tant, pendant une minute ou deux, il resta immobile et muet.

Puis enfin il parut se ranimer, et, regardant autour de lui :

— Mathieu ! murmura-t-il, Mathieu !

Le vagabond se garda bien de lui répondre. Seulement, l'altération de la voix de Bernard lui ayant indiqué à quel trouble il était en proie, son attention redoubla.

— Ah ! continua Bernard, il est parti ; il aura eu peur de ce qui va se passer. Si Catherine vient à ce rendez-vous, il aura eu raison.

Et Bernard, quittant l'ombre du hêtre, fit rapidement quelques pas dans la direction suivie par son rival.

Mais, s'arrêtant tout à coup :

— Au bout du compte, dit-il, il n'y a point que Catherine dont ce jeune homme puisse être amoureux. Qui me dit que Mathieu ne s'est point trompé, et que celle avec laquelle il a rendez-vous n'est point quelque jeune fille de Villers-Hellon, de Corcy ou de Longpont ? D'ailleurs, nous verrons bien : je suis ici pour cela.

Puis, comme les jambes lui manquaient :

— Allons, se dit-il, du courage, Bernard ! Mieux vaut savoir à quoi s'en tenir que de douter. Oh ! Catherine, continua-t-il en gagnant à son tour le chêne, oh ! si tu es fausse à ce point, si tu m'as trompé ainsi, je ne croirai plus à rien, à rien, à rien au monde ! Mon Dieu ! moi qui l'aimais tant, moi qui l'aimais si profondément, si sincèrement, moi qui eusse donné ma vie pour elle si elle me l'eût demandée !

Et regardant autour de lui avec une indicible expression de menace :

— Par bonheur, ajouta-t-il, tout le monde est parti, les lumières sont éteintes, et s'il se passe quelque chose, ce sera entre la nuit, eux et moi.

Alors, d'un pas muet, du pas du loup qui s'approche d'une bergerie, il gagna doucement le pied du chêne, et, en rampant le long de ses racines, parvint jusqu'au tronc.

Arrivé là, il respira.

Le Parisien était encore seul. Bernard, le fusil en arrêt comme un chasseur à l'affût, attentif, le regard fixe, ne perdait pas un seul mouvement de son rival.

— Bon ! dit-il en se parlant à lui-même et en embrassant des yeux tout l'horizon qu'il pouvait parcourir, celle qu'il attend doit venir, à ce qu'il paraît, du côté de la route de Soissons. Si j'allais au-devant d'elle ? Si je lui faisais honte ? Non, je ne saurais rien : elle mentirait.

Puis, tout à coup, tournant la tête du côté opposé :

— Du bruit par là, dit-il ; non, c'est un cheval qui s'impatiente et qui frappe du pied ; d'ailleurs, ajouta-t-il avec indifférence, que m'importe le bruit qui vient de ce

côté-là ? non, c'est par là que doivent regarder mes yeux ; c'est par là que doivent écouter mes oreilles. Mon Dieu ! je vois comme une ombre à travers les arbres ; mais non !

Bernard essuya ses yeux troublés.

— Mais si !... continua-t-il avec une intonation si sourde qu'on la sentait venir du fond de sa poitrine, mais si ; c'est une femme ; elle hésite !... Non, elle continue !... Elle va traverser une clairière ; et alors je verrai bien...

Il y eut un moment de silence, puis une espèce de rugissement se fit entendre.

— Oh ! c'est Catherine ! grinça Bernard ; il l'a vue ! il se lève ! Oh ! il n'ira pas jusqu'à elle !

A ces mots Bernard se redressa sur un genou en murmurant :

— Catherine ! Catherine ! que le sang que je vais verser retombe sur toi !

Et il approcha lentement le fusil de son épaule.

Trois fois la joue du jeune garde s'abaissa sur la crosse du fusil, trois fois son doigt pressa la détente, mais à chaque fois son doigt et sa joue s'éloignèrent.

Puis enfin, la sueur sur le front, un voile de sang sur les yeux, la poitrine haletante :

— Non ! murmura-t-il. Non ! je ne suis pas un assassin ! Je suis Bernard Watrin, c'est-à-dire un honnête homme. A moi ! mon Dieu ! mon Dieu ! secourez-moi !

Et, jetant son fusil loin de lui, il s'enfuit éperdu à travers le bois, sans savoir où il allait.

Alors il se fit de nouveau un instant de silence, et le démon qui inspirait ce dessein put voir Mathieu sortir la tête hors de sa hutte de feuillages, ramper, la respiration suspendue, jusqu'au pied du chêne, regarder à son tour dans la direction de la fontaine du Prince, allonger la main pour retrouver le fusil jeté par Bernard, le saisir de sa main crispée en murmurant :

— Oh ! ma foi, tant pis ! pourquoi avait-il tant d'or ? l'occasion fait le larron !

Et il mit en joue à son tour le jeune Parisien.

Un éclair illumina la nuit, une détonation se fit entendre, et Louis Chollet tomba en poussant un cri.

Un autre cri y répondit : c'était celui de Catherine, qui s'était arrêtée, hésitant, en trouvant le Parisien là où elle croyait trouver son amant, et qui fuyait épouvantée en voyant tomber le rival de Bernard.

XVII

CHEZ LE PÈRE WATRIN.

Pendant que ce drame nocturne et visible à l'œil de Dieu seul s'accomplissait à la fontaine du Prince, le dîner, qui devait faire ressortir aux yeux du maire les talens culinaires de la mère Watrin, tirait à sa fin, attristé par l'absence de Bernard.

Huit heures et demie sonnèrent au coucou. L'abbé Grégoire, qui deux ou trois fois avait fait mine de se retirer, parut se lever définitivement.

Mais ce n'était point l'habitude du père Watrin de laisser ainsi s'éloigner ses convives.

— Oh ! non, non, monsieur l'abbé, dit-il, pas avant que vous ayez porté une dernière santé.

— Mais, dit la mère inquiète, et qui d'un œil humide n'avait pas un instant perdu de vue la place de Bernard restée vide, il faudrait que Catherine et François fussent là.

Elle n'osait parler de Bernard, quoique ce fût toujours à lui qu'elle pensât.

— Eh bien ! où sont-ils ? demanda Watrin ; ils étaient là tout à l'heure.

— Oui, mais ils sont sortis chacun à son tour, et l'on

dit que cela porte malheur de trinquer à la fin du repas en l'absence de ceux qui ont assisté au commencement.

— Eh bien ! Catherine ne saurait être loin ; appelle-la, femme.

La mère Watrin secoua la tête.

— Je l'ai déjà appelée, dit-elle, et elle ne m'a point répondu.

— Il y a près de dix minutes qu'elle est partie, dit l'abbé.

— As-tu vu dans sa chambre ? demanda Watrin.

— Oui, elle n'y est pas.

— Et François ?

— Oh ! quant à François, dit le maire, nous savons où le retrouver : il est allé aider à atteler la calèche.

— Monsieur Guillaume, dit l'abbé, nous prierons Dieu qu'il nous pardonne d'avoir porté un tôste en l'absence de deux convives ; mais il se fait tard, et je dois me retirer.

— Femme, dit Watrin, verse à monsieur le maire, et que tout le monde fasse raison à notre cher abbé.

L'abbé leva son verre au tiers rempli, et, avec cette bonne et douce voix avec laquelle il parlait à Dieu et aux pauvres :

— A la paix intérieure, dit-il, à l'union du père et de la mère, du mari et de la femme, seule union de laquelle puisse sortir le bonheur des enfans !

— Bravo ! l'abbé, s'écria le maire.

— Merci ! monsieur, dit le père Guillaume, et puisse le cœur que vous avez l'intention de toucher n'être pas sourd à votre voix !

Et un regard jeté à Marianne lui indiqua que ce souhait était lancé à son adresse.

— Et maintenant, mon cher Guillaume, dit l'abbé, vous ne trouverez pas mauvais que je cherche mon manteau, ma canne et mon chapeau, et que je presse monsieur le maire de me ramener à la ville ; neuf heures vont sonner.

— Oui, cherchez tout cela, l'abbé, dit le maire, et tandis que vous le chercherez, je dirai un dernier mot au père Watrin, moi.

— Venez, monsieur l'abbé, dit Marianne, que la tôste du digne prêtre avait rendue rêveuse, je crois que votre bagage est dans la chambre à côté.

— Je vous suis, madame Watrin, dit l'abbé.

Et, en effet, il sortit derrière elle.

En ce moment, neuf heures sonnaient.

Guillaume et le maire restèrent seuls.

Il se fit un moment de silence ; chacun d'eux semblait attendre que l'autre hasardât le premier mot.

Ce fut Guillaume qui se risqua.

— Eh bien ! monsieur le maire, dit-il, voyons votre recette pour devenir millionnaire.

— D'abord, dit le maire, une poignée de main en signe de bonne amitié, cher monsieur Guillaume.

— Oh ! cela, avec plaisir.

Et les deux hommes, placés de chaque côté de la table, allongèrent leurs mains, qui se rencontrèrent au-dessus des débris de cette fameuse tarte qui avait tant préoccupé la mère Watrin.

— Et maintenant, dit Guillaume, j'attends la proposition.

Le maire toussa.

— Vous touchez sept cent cinquante-six livres d'appointemens par an, n'est-ce pas ?

— Et cent cinquante livres de gratifications, en tout neuf cents livres.

— De sorte qu'il vous faut dix ans pour toucher neuf mille francs.

— Vous comptez comme feu Barême, monsieur Raisin.

— Eh bien ! moi, père Guillaume, continua le maire, ce que vous gagnez en dix ans, j'offre de vous le faire gagner en trois cent soixante-cinq jours.

— Oh ! oh ! voyons un peu la chose, dit le père Guillaume en posant ses deux coudes sur la table et en appuyant sa tête sur ses deux mains.

— Eh bien ! continua le maire avec un rire matois, il ne s'agit pour vous que de fermer alternativement l'œil droit ou l'œil gauche, en passant à côté de certains arbres qui sont à droite ou à gauche de mon lot. C'est bien facile tenez, il n'y a que cela à faire.

Et en effet, avec une facilité extrême, l'honnête marchand de bois ferma alternativement l'un et l'autre œil.

— Oui dà ! dit Guillaume en le regardant fixement, voilà votre moyen à vous ?

— Mais, répondit le marchand de bois, il me semble qu'il en vaut bien un autre.

— Et vous me donnez neuf mille francs pour cela ?

— Quatre mille cinq cents francs pour l'œil droit, quatre mille cinq cents francs pour l'œil gauche.

— Et pendant ce temps-là, vous...

Le père Guillaume fit le geste d'un homme qui abat un arbre.

— Et pendant ce temps-là, moi... répondit le marchand de bois en faisant le même geste.

— Pendant ce temps-là vous, vous volez le duc d'Orléans.

— Oh ! voler, voler, dit Raisin ricanant malgré le mot, il y a tant d'arbres dans la forêt, que personne n'en sait le compte.

— Oui, dit Guillaume avec une certaine solennité presque menaçante, excepté celui qui sait non-seulement le compte des arbres, mais encore celui des feuilles, excepté celui qui voit et entend tout, et qui sait déjà, quoique nous soyons seuls ici, que vous venez de me faire une proposition infâme.

— Monsieur Guillaume ! s'écria le maire, croyant, en haussant la voix, imposer au vieux garde chef.

Mais Guillaume se leva, et, appuyant sa main sur la table, tandis que de l'autre il montrait la fenêtre au marchand de bois :

— Voyez-vous cette fenêtre ? dit-il.

— Après ? demanda le maire, pâlissant moitié de crainte, moitié de colère.

— Eh bien ! dit Guillaume, si la maison n'était pas à moi, si nous ne venions pas de manger à la même table, vous auriez déjà passé par cette fenêtre.

— Monsieur Guillaume !

— Attendez ! dit le vieux garde sans s'émouvoir.

— Eh bien ?

— Vous voyez bien le seuil de cette porte ?

— Oui.

— Eh bien ! plus vite vous serez de l'autre côté, mieux la chose vaudra pour vous.

— Monsieur Guillaume !

— Seulement, en le franchissant, dites-lui adieu.

— Monsieur !

— Silence ! on vient, il est inutile qu'on sache que j'ai reçu un coquin à ma table.

Et Guillaume, tournant le dos au maire, se mit à siffloter un petit air de chasse avec lequel nos lecteurs ont déjà fait connaissance et qu'il gardait pour les grandes occasions.

Les gens devant lesquels Guillaume ne voulait pas dire au marchand de bois qu'il était un coquin, c'étaient l'abbé Grégoire et la mère Watrin.

— Me voilà, monsieur le maire, dit l'abbé cherchant le marchand de bois de son regard myope. Êtes-vous prêt ?

— Si bien prêt, dit Guillaume, que monsieur le maire, vous le voyez, vous attend de l'autre côté de la porte.

Et il lui montra du doigt le marchand de bois qui, suivant son avis, avait gagné au large.

L'abbé ne vit et ne comprit rien de ce qui s'était passé, et sortant à son tour, sans s'apercevoir de la chaleur de la conversation :

— Bonsoir ! monsieur Guillaume, dit-il ; puisse, avec la bénédiction que je vous donne, la paix du Seigneur descendre sur votre maison !

— Votre servante, monsieur l'abbé ; votre servante, monsieur le maire, dit la mère Watrin, suivant ses deux hôtes et faisant une révérence à chaque pas.

Guillaume les suivit des yeux tant qu'il put les voir,

puis, tournant le dos à la porte, avec un mouvement d'épaules qui lui était commun, il tira sa pipe, qu'il bourra jusqu'à la gueule, la pinça entre ses deux mâchoires et, tout en battant le briquet :

— Bon ! murmura-t-il les dents si serrées qu'à peine les paroles pouvaient passer entre ses dents, me voilà avec un ennemi de plus, mais n'importe, on est honnête homme ou on ne l'est pas. Si on l'est, arrive qui plante ! On fait ce que j'ai fait. Bon ! voilà la vieille qui rentre ; motus, Guillaume !

Et, appuyant avec la pierre à feu son amadou allumée sur l'orifice de sa pipe, il commença d'en tirer des nuages de fumée, symbole de la colère sourde qui assombrissait son cœur et son front.

La mère Watrin n'eut besoin que de jeter un coup d'œil sur son mari pour s'apercevoir qu'il s'était passé quelque chose d'extraordinaire.

Elle alla, vint, tourna, passa devant lui, derrière lui, mais ne put en tirer autre chose qu'une fumée de plus en plus épaisse.

Enfin, elle se décida à rompre la première le silence.

— Dis donc ? fit-elle.

— Quoi ? répondit Watrin avec une sobriété de paroles qui eût fait honneur à un pythagoricien.

Marianne hésita un instant.

— Qu'as-tu ? lui demanda-elle.

— Rien !

— Pourquoi ne parles-tu pas ?

— Parce que je n'ai rien à dire.

La mère Watrin s'éloigna et se rapprocha plusieurs fois du vieux garde chef.

Si son mari n'avait rien à dire, évidemment elle n'était pas dans les mêmes dispositions.

— Hum ! dit-elle.

Watrin ne remarqua point le hum !

— Vieux !

— Plaît-il ? répondit Guillaume.

— A quand la noce ? demanda la mère Watrin.

— Quelle noce ?

— Eh bien ! la noce de Catherine et de Bernard donc !

Watrin se sentit soulagé d'un grand poids, mais cependant n'en fit rien paraître.

— Ah ! ah ! dit-il en appuyant ses mains sur ses hanches et en la regardant en face, te voilà donc devenue raisonnable?

— Dis donc, continua Marianne sans répondre, je crois que le plus tôt sera le mieux.

— Oui dà !

— Si nous mettions cela à la semaine prochaine ?

— Et les bans ?

— On irait à Soissons demander une dispense.

— Bon ! voilà que tu es plus pressée que moi maintenant.

— Ah ! vois-tu, vieux, dit Marianne, c'est que... c'est que...

— C'est que ? c'est que ?... quoi ?

— C'est que je n'ai jamais passé une pareille journée.

— Bah !

— Nous séparer l'un de l'autre, mourir chacun de notre côté !

Et sa poitrine s'oppressa.

— Et cela, après vingt-six ans de mariage ! continua-t-elle.

Elle éclata en sanglots.

— Ta main, la mère, dit Guillaume.

— Oh ! la voilà ! s'écria Marianne, et de grand cœur.

Guillaume attira la bonne vieille à lui.

— Et maintenant, dit-il, embrasse-moi.

Puis la regardant :

— Tiens ! lui dit-il, tu es la meilleure femme de la terre.

Mais ajoutant une restriction que notre lecteur lui-même ne trouvera pas trop sévère :

— Lorsque tu veux, bien entendu.

— Oh ! répondit la mère, je te promets, Guillaume, qu'à partir d'aujourd'hui je voudrai toujours.

— Amen ! dit Guillaume.

En ce moment François rentra. Celui qui eût regardé le brave garçon plus attentivement que ne le faisait le père Watrin se fût aperçu qu'il n'était pas dans son état de quiétude ordinaire.

— La ! fit-il avec une intention évidente, afin que Guillaume remarquât sa présence.

Guillaume se retourna en effet.

— Eh bien ! demanda-t-il, sont-ils emballés ?

— Les entendez-vous ?

En ce moment, justement, une voiture roulait sur la route.

— Les voilà qui partent.

Puis, tandis que Guillaume écoutait ce roulement qui s'éloignait graduellement, François alla prendre son fusil dans l'angle de la cheminée.

Guillaume vit ce mouvement.

— Eh bien ! lui demanda-t-il, où vas-tu donc ?

Je vais... Tenez, il faut que je vous dise cela à vous, mais à vous seul.

Guillaume se retourna vers sa femme :

— Vieille ! dit-il.

— Hein ?

— Si tu faisais bien, tu desservirais ; ce serait autant de bâclé pour demain.

— Eh bien ! que fais-je donc ? demanda celle-ci, tenant une bouteille vide sous son bras et une demi-douzaine d'assiettes dans chaque main, et en s'éloignant dans la direction de la cuisine, dont la porte se referma sur elle.

Guillaume la suivit des yeux, et, quand elle eut disparu :

— Qu'y a-t-il ? fit Guillaume.

François se rapprocha de lui et, à voix basse :

— Il y a, dit-il, que, tandis que j'étais occupé à atteler le cheval de monsieur le maire, j'ai entendu un coup de fusil.

— Dans quelle direction ?

— Du côté de Corcy, comme ça, aux alentours de la fontaine du Prince.

— Et tu crois que c'est quelque braconnier, hein ? demanda Guillaume.

François secoua la tête.

— Non ?

— Non, répéta François.

— Eh bien ! qu'est-ce donc alors ?

— Père, continua François en baissant la voix d'un degré, j'ai reconnu le bruit du fusil de Bernard.

— Tu es sûr ? demanda Watrin avec une certaine inquiétude, car il ne comprenait point à quel propos Bernard eût tiré un coup de fusil à cette heure.

— Entre cinquante je le reconnaîtrais, reprit François : vous savez qu'il charge avec des ronds de feutre ou de carton, et cela résonne autrement que des bourres de papier.

— Le fusil de Bernard, se demanda Guillaume, de plus en plus inquiet, qu'est-ce que cela veut dire ?

— Ah ! oui ! qu'est-ce que cela veut dire ? C'est ce que je me suis demandé.

— Ecoute ! dit Guillaume tressaillant, j'entends du bruit.

François écouta.

— C'est un pas de femme, murmura-t-il.

— Celui de Catherine peut-être ?

François fit de sa tête signe que non.

— C'est un pas de vieille femme, dit-il ; mademoiselle Catherine marche plus légèrement que cela. Ces pas là ont passé la quarantaine.

En même temps retentit le bruit de deux coups frappés vivement à la porte.

XIII

LE REGARD D'UN HONNÊTE HOMME.

Les deux hommes se regardèrent, il y avait dans l'air quelque chose comme le pressentiment d'un malheur.

Pendant cet instant de silence et d'inquiétude, on entendit prononcer deux fois le nom de monsieur Watrin.

La mère rentrait en ce moment.

— Qu'est-ce que cela, et qui donc appelle le vieux, demande-t-elle?

— C'est la voix de la mère Tellier, dit Guillaume; ouvre, femme.

Marianne alla vivement à la porte, l'ouvrit, et en effet la mère Tellier, toute haletante de la rapidité de sa course, parut sur le seuil.

— Bonsoir, monsieur Watrin et la compagnie, dit-elle; une chaise s'il vous plaît, une chaise : j'ai toujours couru depuis la fontaine du Prince.

Les deux hommes, à ce nom de la fontaine du Prince, se regardèrent de nouveau.

Puis Guillaume le premier, d'une voix altérée :

— Et qui nous procure le plaisir de vous voir à pareille heure, mère Tellier? demanda-t-il.

Mais, pour toute réponse, la mère Tellier porta la main à sa gorge.

— Un peu d'eau pour l'amour de Dieu! dit-elle, j'étrangle!

La mère Watrin s'empressa d'apporter à la bonne femme ce qu'elle demandait.

Elle but avidement.

— La mère, dit-elle, maintenant que je puis parler, je vais vous dire ce qui m'amène.

— Dites, la mère, dites, firent ensemble Guillaume et Marianne, tandis que François se tenait à part, secouant tristement la tête.

— Et bien! continua la mère Tellier, je viens de la part de votre garçon.

— De la part de Bernard?

— De la part de mon fils? dirent ensemble Guillaume et Marianne.

— Que lui est-il donc arrivé, à ce pauvre jeune homme? demanda la messagère; il est entré chez moi, il y a une heure, pâle comme un mort.

— Femme! dit Guillaume en regardant Marianne.

— Tais-toi, tais-toi, murmura celle-ci, comprenant tout ce qu'il y avait de reproches dans ce seul mot.

— Il a bu coup sur coup deux ou trois verres de vin. Quand je dis coup sur coup, je me trompe, il les a bu d'un seul coup, car il buvait à même la bouteille.

Ce seul détail suffit pour épouvanter Guillaume; boire à même la bouteille était chose si peu dans les habitudes de Bernard, que cette action indiquait un dérangement considérable dans l'équilibre de son esprit.

— Bernard buvait à même la bouteille, répéta Guillaume, impossible!

— Et il buvait comme cela sans rien dire? demanda Marianne.

— Si fait, reprit la bonne femme, il m'a dit au contraire comme cela : « Mère Tellier, faites-moi le plaisir d'aller jusqu'à la maison; vous direz à Catherine que je lui écrirai bientôt. »

— Comment! il a dit cela? s'écria la mère Watrin.

— Écrire à Catherine! et pourquoi écrire à Catherine? demanda Guillaume de plus en plus inquiet.

— Oh! le coup de fusil! le coup de fusil! murmura François.

— Et il a dit cela et rien de plus? demanda Marianne.

— Oh! si fait, attendez donc.

Jamais narrateur n'avait eu auditoire plus attentif.

La mère Tellier continua :

— Alors, je lui ai demandé : « Et pour le père, n'y a-t-il rien? n'y a-t-il rien pour la mère? »

— Ah! vous avez bien fait, firent les deux époux en respirant comme des gens qui vont enfin savoir quelque chose.

— Alors il a répondu : « Au père et à la mère, annoncez-leur que je suis passé par ici, et dites-leur adieu de ma part. »

— Adieu? répétèrent trois voix en même temps, avec trois intonations différentes.

Puis Guillaume seul :

— Il vous a chargé de nous dire adieu?

Et se retournant vers sa femme avec un ton d'indicible reproche :

— Oh! femme! femme! s'écria-t-il en portant sa main sur ses deux yeux.

— Mais ce n'est pas tout, continua la messagère.

Un même mouvement rapprocha d'elle Guillaume, Marianne et François.

— Qu'a-t-il ajouté? demanda Guillaume.

— Il a ajouté : « Dites-leur encore qu'ils gardent Catherine avec eux, que je leur serai reconnaissant de toutes les bontés qu'ils auront pour elle, et, si je venais à mourir comme votre pauvre Antoine... »

— A mourir! interrompirent ensemble et en pâlissant les deux vieillards.

— « Dites-leur, continua la mère Tellier, qu'ils fassent Catherine leur héritière. »

— Femme! femme! femme! cria Guillaume en se tordant les bras.

— Oh! le malheureux coup de fusil! murmura François.

Marianne était tombée sur une chaise en éclatant en sanglots, car elle sentait, la pauvre mère, qu'elle était la cause première de tout cela et, de plus que l'inquiétude qu'éprouvait son mari, elle en avait encore le remords.

En ce moment un cri douloureux retentit au dehors.

— Au secours! au secours! criait une voix éteinte.

Si éteinte que fût cette voix, chacun la reconnut, et Guillaume, Marianne, François et la mère Tellier crièrent ensemble :

— Catherine!

Mais, de tous, Guillaume fut le premier à la porte.

La porte en s'ouvrant laissa apparaître Catherine, pâle, les yeux hagards, échevelée, presque folle.

— Assassiné! cria-t-elle, assassiné!

— Assassiné! s'écrièrent les spectateurs de ces deux scènes, pendant lesquelles la terreur allait croissant.

— Assassiné! assassiné! répétait Catherine haletante entre les bras du père Guillaume.

— Assassiné! mais qui?

— Monsieur Louis Chollet...

— Le Parisien! s'écria François presque aussi pâle à son tour que Catherine.

— Mais quoi? mais que racontes-tu donc? Voyons, parle! répéta Guillaume.

— Assassiné! où? chère demoiselle Catherine, demanda François.

— A la fontaine du Prince, murmura celle-ci.

Guillaume qui le soutenait faillit le laisser tomber.

— Mais par qui? demandèrent à la fois la mère Tellier et la mère Watrin, qui, n'ayant pas les mêmes raisons que Guillaume et François de craindre un grand malheur, avaient conservé la faculté d'interroger.

— Par qui?

— Je ne sais, répondit Catherine.

Les deux hommes respirèrent.

— Mais enfin, demanda Guillaume, comment cela s'est-il passé! Comment étais-tu là?

— Je croyais aller rejoindre Bernard à la fontaine du Prince.

— Rejoindre Bernard?

— Oui, Mathieu m'avait donné rendez-vous en son nom.

— Oh ! s'il y a du Mathieu dans cette affaire, murmura François, nous ne sommes pas au bout.

— Et, interrogea Guillaume, tu as été à la fontaine du Prince ?

— Je croyais que Bernard m'y attendait ; je croyais qu'il voulait me dire adieu. Ce n'était pas vrai, ce n'était pas lui.

— Ce n'était pas lui ! s'écria Guillaume, se rattachant à chaque lueur d'espérance.

— C'était un autre homme.

— Le Parisien ! s'écria François.

— Oui, en m'apercevant il vint à moi ; car, par le magnifique clair de lune qu'il fait, il pouvait, à travers la clairière, me voir à plus de cinquante pas. Quand nous ne fûmes plus qu'à dix pas l'un de l'autre, je le reconnus : je compris alors que j'étais tombée dans un piége. J'allais crier, appeler au secours, quand tout à coup un éclair a brillé dans la direction du grand chêne qui couvre le cabaret de madame Tellier. Un coup de fusil s'est fait entendre, monsieur Chollet a poussé un cri, a porté la main à sa poitrine et est tombé. Alors moi-même, vous le comprenez, je me suis sauvée comme une folle ; j'ai toujours couru, et me voilà ; mais, si la maison eût été seulement de vingt pas plus éloignée, je m'évanouissais, je mourais sur le chemin.

— Un coup de fusil ! répéta Guillaume.

— C'est celui que j'avais entendu, murmura François.

Tout à coup une idée terrible qui paraissait l'avoir abandonnée parut revivre dans l'esprit de Catherine ; elle regarda autour d'elle avec un effroi croissant, et, voyant que celui qu'elle cherchait n'était point là :

— Où est Bernard, cria-t-elle, où est Bernard ? au nom du ciel, où est-il ? qui l'a vu ?

Le plus morne silence eût répondu seul à cette douloureuse interrogation, si du seuil de la porte entr'ouverte depuis l'entrée de Catherine, une voix glapissante n'eût dit :

— Où il est, pauvre monsieur Bernard ? où il est ? je vais vous le dire, moi... il est arrêté.

— Arrêté ! balbutia simplement Guillaume.

— Arrêté ! Bernard, mon enfant ! s'écria la mère.

— Oh ! Bernard ! Bernard ! voilà ce que je craignais, murmura Catherine en laissant tomber sa tête sur son épaule comme si elle s'évanouissait.

— Quel malheur ! mon Dieu ! fit la mère Tellier en joignant les mains.

Seul, François, l'œil fixé sur le vagabond, comme s'il eût voulu lire en lui-même tout ce qu'il dirait et surtout tout ce qu'il ne dirait pas, grinça entre ses dents :

— Mathieu ! Mathieu !

— Arrêté ! répéta Guillaume, comment, pourquoi cela ?

— Dame ! je ne peux pas trop vous dire, moi, répondit Mathieu, traversant d'un pas lent et pénible toute la largeur de la salle pour aller s'asseoir dans la cheminée, sa place ordinaire. Il paraît qu'on a tiré un coup de fusil sur le Parisien. Les gendarmes de Villers-Cotterêts, qui revenaient de la fête de Corcy, ont vu Bernard qui se sauvait, alors ils ont couru après lui, il lui ont mis la main sur le collet, ils l'ont garrotté, et ils l'emmènent.

— Mais où cela l'emmènent-ils ? demanda Guillaume.

— Oh ! je n'en sais rien, moi ; où on emmène les gens qui ont assassiné. Seulement, moi je me suis dit comme ça : J'aime monsieur Bernard, j'aime monsieur Guillaume, j'aime toute la maison Watrin, qui m'a fait du bien, qui m'a nourri, qui m'a chauffé : il faut que je leur dise le malheur qui est arrivé au pauvre monsieur Bernard, parce qu'enfin s'il y a un moyen de le sauver...

— Mon Dieu ! mon Dieu ! s'écria la mère, et quand on pense que c'est moi, mon entêtement, mon misérable entêtement qui est cause de tout cela !

Quant au père Guillaume, il paraissait plus calme et plus fort, mais peut-être, malgré l'apparence, souffrait-il plus que sa femme.

— Et tu dis, François, demanda-t-il à voix basse, que tu as reconnu le bruit de son fusil ?

— Puisque je vous l'ai dit ; ça, voyez-vous, j'en réponds.

— Bernard un assassin ! murmura Guillaume, impossible !

— Écoutez, dit François comme frappé d'une illumination subite.

— Quoi ! demanda le vieux garde chef.

— Je vous demande trois quarts d'heure.

— Pourquoi faire ?

— Pour vous dire si Bernard est ou n'est pas l'assassin de monsieur Louis Chollet.

Et sans prendre ni son chapeau ni son fusil, François s'élança hors de la maison, et disparut en courant sous la futaie.

Guillaume était tellement préoccupé de ce que venait de lui dire François, et cherchait avec tant d'acharnement à se rendre compte de son projet, qu'à peine s'apercevait-il de deux choses. La première, c'est que sa femme était évanouie, et la seconde, c'est que l'abbé Grégoire venait de rentrer.

Ce fut Catherine qui, la première, aperçut le digne prêtre, que son vêtement noir empêchait de distinguer dans l'obscurité.

— Oh ! s'écria-t-elle en courant à lui, c'est vous, monsieur l'abbé, c'est vous !

— Oui, dit-il. Je me suis douté qu'il y avait des larmes à essuyer ici, et je suis revenu.

— Oh ! mon Dieu ! mon Dieu ! c'est ma faute, s'écria la mère Watrin en se laissant tomber de sa chaise à genoux ; c'est ma faute ! c'est ma très grande faute !

Et la pauvre pécheresse repentante frappait de toute la force de ses poings sa poitrine maternelle.

— Hélas ! mon cher Guillaume, il l'avait dit en vous quittant : que le malheur retombe sur vous ! et c'est sur vous en effet que retombe le malheur.

— Oh ! monsieur l'abbé, s'écria le vieux garde chef, est-ce que vous aussi allez dire comme les autres qu'il est coupable ?

— Nous allons bien le savoir, dit l'abbé.

— Eh bien ! oui, nous allons le savoir, répondit Guillaume. Bernard est vif, emporté, colère, mais il n'est point menteur.

Le père Watrin prit son chapeau.

— Où allez-vous ?

— Je vais à la prison.

— Inutile, nous l'avons rejoint sur la grande route entre ses deux gendarmes, et monsieur le maire a ordonné de le ramener ici pour procéder en votre présence au premier interrogatoire ; il espère que vous aurez sur Bernard qui vous aime tant le pouvoir de lui faire dire la vérité.

En ce moment, comme s'il n'eût attendu que l'instant d'être annoncé par l'abbé, le maire entra.

En l'apercevant, Guillaume tressaillit d'instinct. Il sentait bien qu'il se trouvait en face d'un ennemi.

— Ma foi ! monsieur Watrin, dit le maire avec un méchant sourire, vous m'aviez défendu de passer le seuil de votre porte... mais vous comprenez bien qu'il y a telle circonstance...

Guillaume avait vu son sourire.

— Et vous n'êtes pas fâché de la circonstance, n'est-ce pas, monsieur le maire ? dit-il.

En ce moment, on entendit le piétinement des chevaux à la porte ; ce bruit tira le maire d'embarras en le dispensant de répondre.

Il tourna le dos à Guillaume, et, s'adressant aux gendarmes encore invisibles :

— Faites entrer le prévenu, dit-il, et gardez la porte.

A peine cet ordre était-il donné que Bernard, pâle, le front couvert de sueur, mais calme, parut sur le seuil de la porte, les deux pouces des mains liés l'un à l'autre.

En l'apercevant, la mère Watrin revint à elle, et avec un admirable élan de mère :

— Mon enfant ! mon cher enfant ! s'écria-t-elle en s'apprêtant à s'élancer dans ses bras, tandis que Catherine voilait son visage de ses deux mains.

Mais Guillaume l'arrêta par le poignet.

— Un instant, dit-il, il s'agit auparavant de savoir si nous parlons à notre enfant ou à un assassin.

Et s'adressant au maire, tandis que les gendarmes conduisaient Bernard dans le fond de la salle :

— Monsieur le maire, dit-il, je demande à regarder Bernard en face, à lui dire deux mots, et ensuite c'est moi qui vous déclarerai s'il est coupable ou s'il ne l'est pas.

La permission était trop difficile à refuser tout à fait. Le maire fit entendre un grognement qui pouvait passer pour une autorisation.

Alors Guillaume, comme on dit au théâtre, s'empara de la scène, et, tandis qu'un demi-cercle se faisait, dont Bernard et les deux gendarmes formaient le point central, il étendit la main, et, avec un accent qui n'était point dépourvu d'une certaine solennité :

— Soyez tous témoins, vous qui êtes ici, de ce que je vais lui demander et de ce qu'il va me répondre, dit-il. En présence de cette femme qui est ta mère, de cette autre femme qui est ta fiancée ; en présence de ce digne prêtre qui a fait de toi un chrétien, Bernard, moi, ton père, moi, qui t'ai formé à l'amour de la vérité et à la haine du mensonge, Bernard, je te demande ici, comme Dieu te le demandera un jour : Bernard es-tu coupable ou es-tu innocent ?

Et il fixa sur le jeune homme un regard qui semblait vouloir lire au plus profond de son cœur.

— Mon père....., répondit le jeune homme d'une voix douce et calme.

Mais Guillaume l'interrompit :

— Prends ton temps, Bernard, ne te hâte pas de répondre, afin que ton cœur ne se précipite pas dans l'abîme, tes yeux sur mes yeux, Bernard, et vous tous, regardez-le bien, écoutez-le bien. Réponds, Bernard.

— Je suis innocent, mon père, dit Bernard avec une voix aussi calme que s'il se fût agi pour lui de la question la plus indifférente.

Excepté des bouches de Mathieu, du maire et des gendarmes, un cri de joie sortit de toutes les bouches.

Guillaume étendit la main, et, la posant sur l'épaule de Bernard :

— A genoux, mon fils, dit-il.

Bernard obéit.

Alors, avec une expression de foi difficile à rendre :

— Je te bénis, mon enfant, dit Guillaume ; tu es innocent, c'est tout ce qu'il me faut. Quant à la preuve de ton innocence, elle viendra quand il plaira à Dieu. C'est maintenant une affaire entre les hommes et toi. Embrasse-moi, et que la justice ait son cours.

Bernard se releva et se jeta dans les bras de son père.

— Maintenant, dit celui-ci en faisant un pas de côté pour démasquer Bernard, à toi, la vieille !

— Oh ! mon enfant ! mon cher enfant ! s'écria la mère Watrin, il m'est donc permis encore de t'embrasser.

Elle lui jeta les bras autour du cou.

— Ma bonne, mon excellente mère ! s'écria Bernard.

Catherine attendait ; mais, quand elle fit un mouvement pour aller au prisonnier, celui-ci fit un geste de ses mains.

— Plus tard, dit-il, plus tard. Moi aussi, Catherine, sur votre salut éternel, j'ai une question à vous faire.

Catherine se recula avec un doux sourire, car elle aussi, maintenant, était aussi sûre de l'innocence de Bernard que de la sienne.

Ce que Catherine pensait tout bas, la mère Watrin le dit tout haut :

— Oh ! moi aussi, s'écria-t-elle après l'avoir embrassé, j'en réponds bien, qu'il est innocent.

— Bien ! dit le maire en ricanant, n'allez-vous pas croire, s'il est coupable, qu'il va tout bonnement dire comme ça :

« Eh bien ! oui, la ! c'est moi qui ai tué monsieur Chollet ? » Pas si bête, pardieu !

Bernard fixa sur le maire son œil clair et presque impératif, et avec une grande simplicité d'accent :

— Je dirai, non pas pour vous, monsieur le maire, mais pour ceux-là qui m'aiment, je dirai, et Dieu qui m'entend sait si je mens ou si je dis la vérité : oui, mon premier mouvement a été de tuer monsieur Chollet, quand j'ai vu apparaître Catherine et quand je l'ai vu, lui, se lever pour aller au-devant d'elle ; oui, je me suis élancé dans cette intention ; oui, dans cette intention, j'ai appuyé la crosse de mon fusil à mon épaule ; mais alors Dieu est venu à mon aide ; il m'a donné la force de résister à la tentation : j'ai jeté mon fusil loin de moi, et j'ai fui ; c'est pendant que je fuyais qu'on m'a arrêté ; seulement, je fuyais, non pas parce que j'avais commis un crime, mais pour ne pas le commettre.

Le maire fit un signe ; un gendarme lui présenta un fusil.

— Reconnaissez-vous ce fusil ? demanda-t-il à Bernard.

— Oui, c'est le mien, répondit simplement le jeune garde.

— Il est déchargé du côté droit, comme vous voyez.

— C'est vrai.

— Et on l'a trouvé au pied du chêne qui domine la petite vallée de la fontaine du Prince.

— C'est, en effet, là que je l'ai jeté, dit Bernard.

En ce moment Mathieu se leva avec effort, porta la main à son chapeau, et l'on entendit une voix, à la modestie de laquelle on attribua son peu d'assurance, qui disait :

— Pardon ! excuse, monsieur le maire, mais j'ai peut-être une raison à faire valoir pour innocenter ce pauvre monsieur Bernard. Mais peut-être en cherchant bien qu'on retrouverait les bourres ; monsieur Bernard ne charge pas, comme les autres gardes, avec du papier, mais avec des ronds de feutre enlevés à l'emporte-pièce.

Un murmure flatteur accueillit cette ouverture inattendue ; depuis un quart d'heure Mathieu était complètement oublié.

— Gendarmes, dit le maire, l'un de vous ira sur le théâtre de l'assassinat et essaiera de retrouver les bourres.

— Demain matin au petit jour on y sera, répondit un des gendarmes.

Bernard jeta un regard franc sur Mathieu et rencontra le regard terne de celui-ci ; il lui sembla voir l'œil d'un serpent briller dans l'ombre. Il se détourna avec dégoût.

Sous le rayon de flamme que projetait l'œil du jeune homme, peut-être Mathieu fût-il resté muet, mais Bernard s'étant détourné comme nous l'avons dit, le vagabond prit courage et continua :

— Et puis, dit-il, il y a encore une chose qui sera bien autrement convaincante pour l'innocence de monsieur Bernard.

— Laquelle ? dit le maire.

— J'étais là ce matin, dit Mathieu, quand monsieur Bernard a chargé son fusil pour aller à la battue du sanglier : eh bien ! à seule fin de reconnaître ses balles, il les avait marqué d'une croix.

— Ah ! ah ! dit le maire, il les avait marqué d'une croix.

— Ça, j'en suis sûr, dit Mathieu, c'est moi qui lui ai prêté mon couteau pour faire la croix ; pas vrai, monsieur Bernard ?

Sous l'intention bienveillante, Bernard sentait si instinctivement la dent aiguë et douloureuse de la vipère qu'il ne répondit même pas.

Le maire attendit un instant et, voyant que Bernard gardait le silence :

— Prévenu, dit-il, ces deux circonstances sont-elles exactes ?

— Oui, monsieur, dit Bernard, c'est la vérité.

— Dame ! reprit Mathieu, vous comprenez bien, monsieur le maire, si l'on pouvait retrouver la balle et qu'elle n'eût point de croix, je répondrais bien alors que ce n'est point monsieur Bernard qui a fait le coup, de même que si, par exemple, la balle portait une croix et que les bourres fussent en feutre je ne saurais plus que dire.

Un gendarme s'approcha du maire, et portant la main à son chapeau :

— Pardon ! excuse, monsieur le maire, dit-il.

— Qu'y a-t-il, gendarme ?

— Il y a, monsieur le maire, que ce garçon a dit la vérité.

Et le gendarme montrait Mathieu.

— Comment savez-vous cela, gendarme ? demanda le maire.

— Voilà : pendant que ce garçon parlait, j'ai débourré le côté gauche du fusil. La balle a une croix et les bourres sont en feutre : voyez.

Le maire se tourna vers Mathieu.

— Mon ami, lui dit-il, tout ce que vous venez de dire dans une bonne intention pour Bernard tourne malheureusement contre Bernard, puisque voilà son fusil, et que son fusil est déchargé.

— Ah ! c'est à dire, reprit Mathieu, que le fusil fût déchargé, ça ne voudrait rien dire, monsieur le maire ; monsieur Bernard peut avoir déchargé son fusil ailleurs ; il n'y a que si l'on trouve la balle et les bourres en feutre, ah ! dame ! alors ce sera malheureux, très malheureux !

Le maire se retourna vers le prévenu :

— Ainsi, demanda-t-il, vous n'avez rien autre chose à dire pour votre défense ?

— Rien, répondit Bernard, sinon que les apparences sont contre moi, mais que je suis innocent.

— J'avais espéré, dit solennellement le maire, que la vue de vos parens, de votre fiancée... il montra l'abbé Grégoire, de ce digne prêtre, vous inspirerait de dire la vérité, voilà pourquoi je vous ai ramené ici. Je me trompais, il n'en est rien.

— Je ne puis dire que ce qui est, monsieur le maire. Je suis coupable d'une mauvaise pensée, je ne suis pas coupable d'une mauvaise action.

— C'est bien décidé ?

— Quoi ? demanda Bernard.

— Vous ne voulez pas avouer ?

— Je ne mentirais pas pour moi, monsieur, je ne saurais mentir contre moi.

— Allons ! gendarmes, dit le maire.

Les gendarmes firent un mouvement de la tête, et, poussant Bernard de la main :

— Allons, marchons, dirent-ils.

Mais alors la mère Watrin, sortant de sa stupeur, s'élança entre la porte et son fils.

— Eh bien ! que faites-vous donc, monsieur le maire, s'écria-t-elle, vous l'emmenez ?

— Sans doute je l'emmène, dit le maire.

— Mais où cela ?

— En prison, pardieu !

— En prison, mais vous n'avez donc pas entendu qu'il est innocent ?

— Le fait est, murmura Mathieu, que tant qu'on n'aura pas retrouvé la balle marquée d'une croix et les bourres de feutre...

— Ma chère madame Watrin, ma belle demoiselle, dit le maire, c'est un devoir bien rigoureux. Je suis magistrat. Un crime a été commis. Je n'examine pas à quel point doit me toucher ce crime qui frappe un jeune homme placé chez moi par ses parens, un jeune homme qui m'était cher, un jeune homme sur lequel j'étais chargé de veiller. Non, Chollet, comme votre fils, ne sont à mes yeux que deux étrangers. Mais il faut que la justice ait son cours. Il y a mort d'homme. Le cas est donc des plus graves. Allons ! gendarmes.

Les gendarmes poussèrent de nouveau Bernard vers la porte.

— Adieu, mon père ; adieu, ma mère ! dit le jeune homme.

Bernard, suivi du regard ardent de Mathieu, qui semblait le pousser des yeux comme les gendarmes le poussaient de la main, fit quelques pas vers la porte.

Mais alors, à son tour, Catherine se trouva sur sa route.

— Et moi, Bernard, n'y a-t-il donc rien pour moi ? demanda-t-elle.

— Catherine, dit le jeune homme d'une voix étouffée, au moment de mourir, et de mourir innocent, peut-être te pardonnerai-je ; mais en ce moment-ci, oh ! je n'en ai pas la force.

— Oh ! l'ingrat ! s'écria Catherine en se détournant, je le crois innocent et il me croit coupable !

— Bernard ! Bernard ! dit la mère Watrin, avant de la quitter, par grâce ! mon enfant, dis à ta pauvre mère que tu ne lui en veux pas.

— Ma mère, dit Bernard avec une résignation pleine de tristesse et de grandeur, si je dois mourir, je mourrai en fils reconnaissant et respectueux, remerciant le Seigneur de m'avoir donné de si bons et si tendres parens.

Puis, à son tour, se retournant vers les gendarmes :

— Allons ! messieurs, dit-il, je suis prêt.

Et au milieu des cris étouffés, des pleurs, des sanglots, il fit de la main un dernier signe d'adieu et s'avança vers la porte.

Mais sur le seuil il trouva François, haletant, la sueur au front, sans cravate, son habit sur le bras, et qui lui barrait le passage.

XIX

LES BRISÉES DE MATHIEU.

A la vue du jeune homme, faisant d'un air impératif signe à tout le monde de ne pas faire un pas de plus, chacun comprit que François était porteur de quelque nouvelle importante.

Excepté Bernard, tout le monde fit donc un pas en arrière.

Mathieu ne pouvait reculer, le mur de la cheminée l'en empêchait, mais, quoiqu'il parût éprouver quelque difficulté à rester debout, il ne s'assit cependant point.

— Ouf ! dit François en jetant, ou plutôt en laissant tomber son habit contre la muraille et en s'appuyant au chambranle de la porte, comme un homme prêt à tomber.

— Eh bien ! demanda le maire, qu'est-ce encore ? n'en finirons-nous pas aujourd'hui ! Gendarmes ! à Villers-Cotterets.

Mais l'abbé Grégoire comprit que c'était du secours qui arrivait.

— Monsieur le maire, dit-il en faisant un pas en avant, ce jeune homme a quelque chose d'important à nous dire, écoutez-le ; n'est-ce pas, François, que tu apportes quelque chose de nouveau et d'important ?

— Non, ne faites pas attention, dit François à la mère Tellier et à Catherine, qui s'empressaient près de lui, tandis que l'abbé, la mère Watrin et Guillaume le regardaient, comme des naufragés perdus sur un radeau, au milieu de l'Océan et par la tempête, regardent à l'horizon le navire qui doit les sauver.

Puis, s'adressant au maire et aux gendarmes :

— Eh bien ! où allez-vous donc, vous autres ? demanda-t-il.

— François ! François ! s'écria la mère Watrin, ils emmènent mon enfant ! mon fils, mon pauvre Bernard, en prison !

— Oh ! dit François, bon ! il n'est pas encore en prison, et il y a une lieue et demie d'ici à Villers-Cotterets, sans compter que le père Sylvestre est couché et que ça lui ferait de la peine de se lever à cette heure-ci.

— Ah ! fit Guillaume en respirant, car il comprenait que

du moment où François le prenait sur ce ton, François n'avait plus d'inquiétudes.

Et il bourra sa pipe, oubliée depuis plus d'une demi-heure.

Quant à Mathieu, il fit un mouvement dont personne ne s'aperçut, il se glissa de la cheminée à la fenêtre, sur le rebord de laquelle il s'assit.

— Ah çà ! dit le maire, nous sommes donc ici les serviteurs de monsieur François ? En route, gendarmes, en route.

— Pardon ! monsieur le maire, dit François, mais j'ai quelque chose à dire contre ça.

— Contre quoi ?

— Contre l'ordre que vous venez de donner.

— Et ce que tu as à dire en vaut-il la peine ? demanda le maire.

— Dame ! vous allez en juger. Seulement, je vous en préviens, cela sera peut-être un peu long.

— Ah ! si c'est si long que tu le dis, c'est bien ; ce sera pour demain, alors.

— Oh ! non, monsieur le maire, dit François, pour bien faire, il faudrait que ce fût pour ce soir.

— Mon ami, reprit le maire d'un ton d'impatience protectrice, comme des renseignemens positifs peuvent seuls être admis en matière criminelle, vous trouverez bon que je passe outre. Gendarmes, emmenez le prisonnier.

— Eh bien ! dit François en redevenant sérieux, alors vous m'écouterez, monsieur le maire, car les renseignemens que j'apporte sont positifs.

— Monsieur le maire ! s'écria l'abbé Grégoire, au nom de la religion et de l'humanité, je vous adjure d'écouter ce jeune homme !

— Et moi, monsieur, dit Guillaume, au nom de la justice, je vous ordonne de surseoir !

Le maire s'arrêta, presque effrayé, devant l'autorité magistrale de cet amour paternel. Cependant, ne voulant pas avoir l'air de se rendre :

— Messieurs, dit-il, du moment où il y a un mort, il y a un assassin.

— Pardon ! monsieur le maire, interrompit François, il y a un assassin, c'est vrai, mais il n'y a pas de mort.

— Comment ! pas de mort ? s'écria le maire.

— Pas de mort ? répétèrent tous les assistans.

— Que dit-il ? fit Mathieu.

— Le Seigneur soit loué ! dit le prêtre.

— Eh bien ! reprit François, quand je n'aurais que cela à vous dire, il me semble que c'est déjà une jolie nouvelle.

— Expliquez-vous, jeune homme, dit majestueusement le maire, enchanté d'avoir cette bonne nouvelle pour prétexte du sursis accordé à Bernard.

— Monsieur Chollet a été renversé par la violence du coup, il est tombé évanoui du choc, mais la balle s'est aplatie sur la bourse pleine d'or qu'il avait dans la poche de son habit, et elle a glissé le long des côtes.

— Oh ! oh ! fit le maire, que dites-vous, mon ami ; la balle s'est aplatie sur la bourse ?

— En voilà de l'argent bien placé, hein ! monsieur le maire, fit François.

— N'importe ! mort ou non, reprit celui-ci, il y a eu tentative d'assassinat.

— Eh ! continua François, qui vous dit le contraire ?

— Allons au fait, fit le magistrat.

— Dame ! dit François, je ne demande pas mieux ; mais vous m'interrompez à tout moment.

— Voyons, parlez, parlez, François ! s'écrièrent tous les assistans.

Deux d'entre eux restaient seuls muets, mais dans une attente bien différente :

Bernard et Mathieu.

— Eh ! dit François, écoutez donc, monsieur le maire, voici comment la chose s'est passée....

— Mais, demanda le magistrat, comment peux-tu savoir de quelle façon la chose s'est passée, puisque tu étais avec

nous dans cette chambre, à table, tandis qu'elle se passait à près d'une demi-lieue d'ici, et que tu ne nous as pas quittés ?

— Eh bien ! non, je ne vous ai pas quittés ; après ? mais est-ce que, quand je dis : Il y a un sanglier là, c'est un mâle ou une femelle ; c'est un tiéran, un ragot ou un solitaire, est-ce que j'ai vu le sanglier ? Non, j'ai vu la trace, et c'est tout ce qu'il me faut.

François n'avait pas même regardé du côté de Mathieu, mais Mathieu n'en avait pas moins senti un frisson lui passer par tout le corps.

— Je reprends donc, continua François ; voici comment cela s'est passé : monsieur Bernard est arrivé le premier au cabaret de la mère Tellier. Est-ce vrai, mère Tellier ?

— C'est vrai, dit la bonne femme, après ?

— Il était fort agité ?

— Oh ! dit-elle, c'est encore vrai.

— Silence ! fit le maire.

— Il marchait comme cela, continua François en faisant de grands pas, et, deux ou trois fois, d'impatience, il a frappé du pied près de la table qui est vis-à-vis de la porte.

— En demandant du vin, c'est vrai encore, s'écria la mère Tellier en levant au ciel des bras qui exprimaient son admiration pour la perspicacité presque miraculeuse de François.

Mathieu essuya avec sa manche la sueur qui perlait sur son front.

— Oh ! dit François, répondant à l'exclamation de la bonne femme, cela n'est pas bien difficile à voir ; il y a dans le sable des empreintes de soulier, de trois ou quatre lignes plus profondes que les autres.

— Comment as-tu pu voir cela la nuit ?

— Bon, et la lune ! Vous croyez donc qu'elle est là-haut pour faire aboyer les chiens seulement ? Alors monsieur Chollet est arrivé à cheval, du côté de Villers-Cotterets ; il a mis pied à terre à trente pas du cabaret de la mère Tellier, il a attaché sa bête à un arbre, puis il a passé devant monsieur Bernard. Je croirais même qu'il avait perdu et cherché quelque chose comme de l'argent, car il y avait du suif à terre, ce qui prouve qu'on a regardé à terre avec une chandelle. Pendant ce temps-là, monsieur Bernard était caché derrière le hêtre qui est en face de la maison, et il continuait de rager beaucoup ; la preuve, c'est qu'il y avait deux ou trois places où la mousse avait été arrachée à la hauteur de la main. Après avoir retrouvé ce qu'il cherchait, le Parisien s'est éloigné du côté de la fontaine du Prince, puis il s'est assis à quatre pas de la fontaine, puis s'est levé ; puis il a fait vingt-deux pas du côté de la route de Soissons : alors il a reçu le coup et est tombé.

— Oh ! c'est bien cela, c'est bien cela ! s'écria Catherine.

— Demain, dit le maire, on saura qui a tiré le coup de fusil ; on retrouvera la bourre et l'on cherchera la balle.

— Oh ! il n'y a pas besoin d'attendre à demain pour cela, je les rapporte, moi !

Un rayon de joie illumina le front livide de Mathieu.

— Comment, dit le maire, vous les rapportez ? vous rapportez les bourres et la balle ?

— Oui, les bourres, comprenez-vous, elles étaient dans la direction du coup, et il était bien facile de les retrouver, mais pour la balle il y a eu plus de besogne, la diablesse de bourse et puis peut-être aussi un peu la côte l'avaient fait dévier, mais n'importe, je l'ai retrouvée dans un hêtre, tenez, la voici.

Et François, dans le creux de sa main, présenta au maire les deux bourres et la balle aplatie.

Le maire se fit éclairer par un des gendarmes.

— Vous voyez, messieurs, dit-il, que les bourres sont en feutre, et quant à la balle, quoique aplatie et déformée, elle porte encore la marque d'une croix.

— Pardieu ! dit François, la belle merveille ! puisque ce

7

sont les bourres de Bernard, et que cette croix, c'est celle qu'il a faite ce matin sur la balle.

— Que dit-il donc, mon Dieu ! s'écria le père Watrin retenant sa pipe prête à lui échapper de ses mâchoires tremblantes.

— Oh ! mais il le perd, le malheureux ! s'écria Catherine.

— Ah ! voilà ce dont j'avais peur, balbutia Mathieu avec une feinte pitié. Pauvre monsieur Bernard !

— Mais vous reconnaissez donc que le coup a été tiré avec le fusil de Bernard ?

— Certainement que je le reconnais, dit François. C'est le fusil de monsieur Bernard, c'est la balle de monsieur Bernard, et ce sont les bourres de monsieur Bernard ; mais tout cela ne prouve pas que le coup ait été tiré par monsieur Bernard.

— Oh ! oh ! murmura Mathieu, se douterait-il de quelque chose ?

— Seulement, comme je vous l'ai dit, monsieur Bernard rageait beaucoup ; il frappait du pied, il arrachait la mousse, puis, quand monsieur Chollet s'est éloigné, il a suivi monsieur Chollet jusqu'au pied du chêne ; là il a visé, puis tout à coup il a changé d'avis, il a fait quelques pas à reculons, puis il a jeté son fusil à terre ; le chien qui était armé et le bout du canon sont marqués dans le chemin ; puis il s'est enfui !

— Oh ! mon bon seigneur Jésus ! dit la mère Watrin, il y a miracle.

— Que vous ai-je dit, monsieur le maire ? demanda Bernard.

— Tais-toi, Bernard, fit le père Guillaume, laisse parler François ; ne vois-tu pas qu'il est sur la piste, le fin lévrier ?

— Oh ! oh ! murmura Mathieu, cela commence à devenir inquiétant.

— Alors, continua François, un autre est venu.

— Quel autre ? demanda le maire.

— Oh ! je ne sais pas, moi, dit François en clignant de l'œil à Bernard ; un autre, voilà tout ce que j'ai pu voir.

— Bon ! je respire, fit Mathieu.

— Il a ramassé le fusil, il a mis un genou en terre, ce qui prouve qu'il n'est pas si fin tireur que Bernard, et il a fait feu ; c'est alors, comme je vous l'ai dit, que monsieur Chollet est tombé.

— Mais quel intérêt le nouveau venu pouvait-il avoir à tuer monsieur Chollet ?

— Ah ! je n'en sais rien, pour le voler peut-être.

— Comment savait-il qu'il avait de l'argent ?

— Est-ce que je ne vous ai pas dit que je croyais que le Parisien avait laissé tomber sa bourse dans la hutte de feuillage où je mère Tellier fait rafraîchir son vin ? Eh bien ! je ne serais pas étonné que l'assassin eût été caché dans la hutte à ce moment-là. J'y ai vu la trace d'un homme couché à plat ventre, et qui avait creusé le sable avec ses mains.

— Mais on a donc volé monsieur Chollet ? demanda Guillaume.

— Je crois bien, on lui a pris deux cents louis : rien que cela.

— Oh ! pardon ! mon pauvre Bernard, dit le père Guillaume ; je ne savais pas qu'on eût volé le Parisien quand je t'ai demandé si tu étais son meurtrier.

— Merci ! bon père, dit Bernard.

— Mais enfin, le voleur ? demanda le maire.

— Puisque je vous dis que je ne le connais pas ; seulement, en courant de l'endroit où il a tiré le coup à celui où monsieur Chollet est tombé, il a enfoncé un terrier de lapins, et il s'est donné une entorse au pied gauche.

— Oh ! le démon ! murmura Mathieu qui sentait ses cheveux se dresser sur sa tête.

— Par exemple ! c'est trop fort ! s'écria le maire. Comment peux-tu savoir qu'il s'est donné une entorse ?

— Ah ! la belle malice ! répondit François. Pendant trente pas, les deux pieds son tracés d'une façon égale ; pendant

tout le reste de la route, il n'y en a plus qu'un qui porte tout le poids du corps. Celui-là, c'est le droit ; l'autre marque à peine, c'est le gauche : donc il s'est donné une entorse au pied gauche, et quand il appuie dessus, dame ! ça lui fait mal.

— Ah ! murmura Mathieu.

— Voilà pourquoi il ne s'est pas sauvé, continua François. Non, s'il s'était sauvé, il serait à cette heure à cinq ou six lieues d'ici, d'autant plus qu'avec les pieds qu'il a doit bien marcher. Non, il est venu enterrer ses deux cents louis à vingt pas de la route et à cent pas d'ici, entre deux gros buissons, au pied d'un bouleau ; il est reconnaissable, étant seul de son espèce, — le bouleau bien entendu.

Mathieu passa, en s'essuyant le front pour la seconde fois, une de ses jambes de l'autre côté de la croisée ouverte.

— Et de là, demanda le maire, où est-il allé ?

— Ah ! de là, il est allé sur la grande route, et sur la grande route, il y a des pavés : ni vu ni connu, je t'embrouille.

— Et l'argent ?

— Pardon ! c'est de l'or, monsieur le maire, toutes pièces de vingt et de quarante francs.

— Cet or, vous l'avez pris et apporté comme preuve de conviction ?

— Ouf ! dit François. Je m'en suis gardé, de l'or de voleur, ça brûle.

Et il secoua les doigts comme s'il s'était brûlé effectivement.

— Mais enfin ?

— Et puis, continua François, je me suis dit : Mieux vaut faire une descente sur les lieux avec la justice, et, comme le voleur ne se doute pas que je connais sa cachette, on trouvera le magot.

— Tu te trompes, dit Mathieu en enjambant la fenêtre et en jetant un regard de haine à Bernard et à François, on ne le trouvera pas.

Et il s'éloigna sans que personne, excepté François, s'aperçut de son départ.

— Est-ce tout, mon ami ? demanda le maire.

— Ma foi ! oui, à peu près, monsieur Raisin, répondit François.

— C'est bien ; la justice appréciera votre déposition. En attendant, comprenez bien que, comme vous ne nommez personne, comme tout roule sur des suppositions, l'accusation continue de peser sur Bernard.

— Ah ! quand à cela je n'ai rien à dire, répliqua François.

— En conséquence, j'en suis désespéré, monsieur Guillaume, j'en suis désespéré, madame Watrin, mais Bernard doit suivre les gendarmes et se rendre en prison.

— Eh bien ! soit, monsieur le maire ; femme, donne-moi deux chemises et ce qu'il me faut pour rester en prison avec Bernard.

— Et moi aussi ! et moi aussi ! s'écria la mère, je suivrai mon fils partout où il ira.

— Faites comme vous voudrez, mais en route.

Et le maire fit un signe aux gendarmes, qui forcèrent Bernard de prendre un pas vers la porte.

Mais François fit ce qu'il avait déjà fait, et, se mettant sur la route du prisonnier :

— Encore un instant, monsieur le maire, dit-il.

— Si tu n'as rien à ajouter à ce que tu as dis, répliqua le maire...

— Non, rien ; mais c'est égal. Tenez, supposons...

Il parut chercher quelque chose dans sa tête.

— Supposons quoi ? demanda le maire.

— Supposons, une supposition, supposons que je connaisse le coupable.

Tout le monde jeta un cri.

— Supposons, par exemple, continua François en baissant la voix, qu'il était là tout à l'heure.

— Mais alors ! s'écria le maire, la preuve nous échapperait, et nous retomberions dans le doute.

— Oui, c'est vrai ; mais une dernière supposition, monsieur le maire. Supposons que j'aie embusqué dans le buisson de droite Bobineau, et dans le buisson de gauche Lajeunesse, et qu'au moment où le voleur mettra la main sur son trésor, ils mettent eux, la main sur le voleur, ah!

En ce moment, on entendit un bruit sur la grande route, pareil à celui d'un homme qui ne voudrait point marcher et qu'on force de marcher malgré lui.

— Eh! tenez, dit François avec un éclat de rire qui couronnait sa période, ils le tiennent, il ne veut pas revenir, et ils sont obligés de le pousser.

En même temps Lajeunesse et Bobineau, tenant Mathieu au collet, parurent sur le seuil de la porte.

— Eh! troun de l'air! dit Bobineau, marcheras-tu, vagabond?

— Allons! drôle, ne fais pas le méchant, dit Lajeunesse.

— Mathieu! s'écrièrent les assistans d'une seule voix.

— Tenez, monsieur le maire, dit Lajeunesse, voilà la bourse...

— Et voilà le voleur, ajouta Bobineau. Allons causer un peu avec monsieur le maire, mon bijou.

Et il poussa Mathieu, qui, obéissant malgré lui à l'impulsion, fit quelques pas en boitant.

— Eh bien! s'écria François, quand je vous disais qu'il boitait de la jambe gauche. En prendrez-vous une autre fois de mes almanachs, monsieur le maire?

Mathieu vit qu'il n'y avait point à nier; il était pris, il ne lui restait plus qu'à faire contre fortune bon cœur.

— Eh bien! oui, dit-il. Quoi? Après? C'est moi qui ai fait le coup, je ne nie pas. Je voulais seulement brouiller monsieur Bernard avec mademoiselle Catherine, parce que monsieur Bernard m'avait donné un soufflet. Quand j'ai vu l'or, ça m'a tourné la tête. Monsieur Bernard avait jeté son fusil; le diable m'a tenté, je l'ai ramassé, et puis voilà. Mais pas un cheveu de préméditation, et, comme le parisien n'est pas mort, on en sera quitte pour dix ans de galères.

Toutes les poitrines se dilatèrent, tous les bras se tendirent vers Bernard, mais la première qui fut sur le cœur du jeune homme fut Catherine.

Bernard fit un mouvement inutile pour la presser contre son cœur, il avait les mains liées.

L'abbé Grégoire aperçut le douloureux sourire qui passa sur les lèvres du jeune homme.

— Monsieur le maire, dit-il, j'espère que vous allez ordonner qu'à l'instant même Bernard soit libre.

— Gendarmes, ce jeune homme est libre, dit le maire; déliez-lui les mains.

Les gendarmes obéirent.

Il y eut alors un moment de confusion dans lequel père, mère, enfant, fiancée, formèrent un groupe sans forme comme sans nom, d'où il sortait des cris de bonheur, des sanglots de joie.

Tout le monde pleurait, il n'y eut pas jusqu'au maire qui essuya une larme.

Mais comme Mathieu jurait dans le tableau:

— Emmenez cette homme à la prison de Villers-Cotterets, dit-il aux gendarmes en désignant Mathieu, et écrouez-le solidement.

— Oh! le père Sylvestre, dit Mathieu, va-t-il être embêté d'être réveillé à cette heure-ci!

Et dégageant ses mains de celles des gendarmes qui voulaient lui mettre les menottes, il fit entendre une dernière fois le cri de la chouette.

Après quoi il livra ses mains, se laissa garrotter, et sortit entre les gendarmes.

XX

CONCLUSION.

Mathieu fut donc conduit à la prison de Villers-Cotterets, et écroué chez le père Sylvestre, aux lieu et place de Bernard Watrin.

Une fois le vrai coupable arrêté et entraîné par les gendarmes sur la grande route;

Une fois le maire sorti, la tête basse et jetant en arrière un regard de repentir;

Une fois les braves habitans de la Maison-Neuve rendus à eux-mêmes et débarrassés des étrangers, car la mère Tellier, la bonne ménagère, car le digne abbé Grégoire, car Lajeunesse et Bobineau, ces deux habiles acteurs qui avaient contribué au dénoûment du drame, car l'ami François, l'adroit suiveur de traces qui l'avait accompli avec une sagacité qui eût fait honneur au dernier des Mohicans, n'étaient point des étrangers, rien ne troubla plus l'explosion de joie qui éclata dans la famille.

Ce fut d'abord une loyale poignée de main échangée entre le fils et le père. La poignée de main du fils disant:

— Vous voyez que je ne vous mentais point, mon père.

Là poignée de main du père répondant:

— Est-ce que je t'ai jamais sérieusement soupçonné, Bernard?

Puis vint une longue étreinte entre le fils et la mère, étreinte dans laquelle la mère murmurait tout bas:

— Et quand on pense que tout cela, c'est ma faute!

— Chut! n'en parlons plus, répondait Bernard.

— Que c'est moi qui, par mon entêtement, suis cause de tout!

— Voulez-vous bien ne pas dire cela?

— Me pardonneras-tu, mon pauvre cher enfant?

— Oh! ma mère! ma bonne mère!

— En tout cas, j'ai été bien punie, va!

— Et vous serez bien récompensée, je l'espère.

Puis Bernard alla prendre les deux mains de l'abbé Grégoire, et le regarda de bon prêtre en face:

— Ni vous non plus, monsieur l'abbé, dit-il, vous n'avez pas douté de moi?

— Est-ce que je ne te connaissais pas mieux que ton père et ta mère?

— Oh! mieux, monsieur l'abbé, dit la mère Watrin.

— Eh! oui, mieux, dit le père.

— Oh! par exemple, s'écria la vieille, prête à commencer une discussion, je voudrais bien savoir qui est-ce qui connaît mieux un enfant que sa propre mère?

— Celui qui a fait l'esprit après que la mère a fait le corps, dit Watrin. Est-ce que je réclame, moi? Fais comme moi, vieille, tais-toi.

— Oh! non ça! par exemple, je ne me tairai jamais quand on me dira qu'il y a quelqu'un qui connaît mieux mon fils que moi-même.

— Si, ma mère, si, vous vous tairez, dit Bernard; et je n'aurai pour cela qu'un mot à dire à une femme si religieuse que vous êtes; puis il ajouta en riant:

— Oubliez-vous que monsieur l'abbé est mon confesseur?

Puis vint le tour de Catherine; Bernard l'avait gardée pour la dernière.

L'égoïste! c'était pour la garder plus longtemps.

Aussi, arrivé à elle:

— Catherine, s'écria Bernard d'une voix étouffée, chère Catherine!

— Bernard, mon bon Bernard! murmura celle-ci avec des larmes plein les yeux et plein la voix.

— Oh! viens, viens, dit Bernard en entraînant la jeune fille par la porte restée ouverte.

— Eh bien ! mais où vont-ils donc ? s'écria la mère Watrin avec un mouvement si rapide qu'il ressemblait à de la jalousie.

Le père haussa les épaules.

— A leurs affaires, il faut croire, dit-il en bourrant sa pipe : laissez-les donc aller, femme.

— Mais...

— Voyons, est-ce qu'à leur âge et en pareille circonstance nous n'aurions pas eu quelque chose à nous dire ?

— Hum ! fit la mère en jetant un dernier regard du côté de la porte.

Mais la porte eût-elle été ouverte, elle n'eût rien vu ; les deux jeunes gens avaient déjà gagné le bois et s'étaient perdus sous l'ombre la plus épaisse.

Quant à Bobineau, à Lajeunesse, à François et au père Watrin, ils s'étaient mis à mirer à la lumière des chandelles les bouteilles qui restaient sur la table, et à étudier consciencieusement ce qui leur restait dans le ventre.

L'abbé Grégoire profita de cette occupation dans laquelle étaient absorbés les quatre compères, pour prendre silencieusement sa canne et son chapeau, se glisser sans bruit par l'entrebâillement de la porte, et reprendre sans bruit le chemin de Villers-Cotterets, où il retrouva sa sœur, madame Adélaïde Grégoire, qui l'attendait dans la plus vive anxiété.

Les deux femmes, la mère Watrin et la mère Tellier, s'accroupirent dans la grande cheminée, et se mirent à dévider un écheveau de paroles qui, pour être dévidé à voix basse, n'en fut ni moins long, ni moins embrouillé.

Aux premiers rayons du jour, Bernard et Catherine reparurent sur le seuil de la porte comme deux oiseaux voyageurs qui, partis en ensemble, reviennent ensemble. Catherine, le sourire sur les lèvres, et tout en perdant de vue le moins possible son fiancé, alla embrasser la mère Watrin, le père Watrin, et s'apprêta à remonter à sa chambre.

Mais à peine eut-elle fait le premier pas qui conduisait de la table où étaient assis les quatre hommes à la porte de l'escalier, que Bernard l'arrêta comme si elle oubliait quelque chose.

— Eh bien ! fit-il du ton d'un doux reproche.

Cahterine n'eut point besoin de demander d'explication : Bernard était compris par cette âme sœur de la sienne.

Elle alla à François et lui présenta les deux joues.

— Quoi ? demanda François tout étonné d'une pareille aubaine.

— Elle t'embrasse pour te remercier, parbleu ! dit Bernard. Il me semble que nous te devons bien cela.

— Ah ! s'écria François. Ah ! mademoiselle Catherine, et il s'essuya la bouche avec sa serviette, et fit claquer un gros baiser sur chaque joue rougissante de la jeune fille.

Puis Catherine, tendant une dernière fois la main à Bernard, remonta dans sa chambre.

— Allons, allons, mes enfans ! dit celui-ci, je crois qu'il serait temps de se mettre en tournée. Ce n'est pas le tout que d'être heureux, il faut que la besogne du duc d'Orléans se fasse.

Et il reprit avec un indéfinissable regard son fusil, rapporté par les gendarmes comme preuve de conviction, et déchargé d'un côté.

— Et quand on pense, murmura-t-il... enfin.

Et, enfonçant sur sa tête :

— Partons, dit-il, partons !

En sortant, Bernard leva la tête.

Catherine était à sa fenêtre, souriant à ce soleil levant qui allait éclairer un de ses bons jours. Elle vit Bernard, cueillit un œillet, y déposa un baiser et le lui jeta.

Bernard ne laissa point tomber l'œillet jusqu'à terre. Il le retint à la volée, reprit le baiser qui était caché entre ses feuilles parfumées, et mit l'œillet dans sa poitrine.

Puis, suivi de ses trois camarades, il s'enfonça dans la forêt.

Le jour rappelait la mère Tellier à sa cantine. Elle prit congé des amis Watrin et s'achemina vers la cabane de la fontaine du Prince, du même pas pressé qu'elle était venue.

Puis elle emportait une somme de nouvelles qui allait défrayer les conversations de toute la journée.

Bernard innocent, Mathieu coupable, le mariage de Catherine et de Bernard fixé à quinze jours. Il y avait longtemps qu'un pareil sujet de causerie n'avait été livré aux commères du village.

Il y eut alors une lutte de dévoûment entre le père et la mère Watrin, chacun des deux voulant envoyer coucher l'autre et tenant à se sacrifier pour la garde de la maison. Comme, grâce à l'entêtement de la mère, cet assaut d'abnégation menaçait de dégénérer en querelle, le père Watrin prit son chapeau, enfonça ses mains dans ses poches, et s'en alla promener sur la route de Villers-Cotterets.

Arrivé au Saut-du-Cerf, il vit monsieur Raisin qui revenait dans sa petite carriole avec son ancien domestique, Pierre.

A la vue du maire, Watrin fit un mouvement pour gagner la forêt ; mais il avait été reconnu.

Monsieur Raisin arrêta sa carriole, sauta à terre et courut vers le bonhomme en criant :

— Eh ! monsieur Watrin ! cher monsieur Watrin !

Watrin s'arrêta.

Ce qui lui faisait fuir le maire, c'était ce sentiment de pudeur que tout honnête homme a au fond de la conscience, qui s'étend de lui aux autres, et qui le fait rougir pour les autres quand ceux-ci accomplissent des actes qui ne sont pas précisément honnêtes.

Or, on se rappelle que les propositions que le marchand de bois avait faites la nuit précédente au père Watrin n'étaient pas précisément honnêtes.

Tout en s'arrêtant, le père Watrin se demandait donc ce que pouvait lui vouloir le maire.

Il attendit, le dos tourné ; et, seulement quand le maire fut près de lui, il fit volte-face.

— Eh bien ! demanda-t-il brusquement à monsieur Raisin, qu'y a-t-il encore ?

— Il y a, monsieur Watrin, dit le maire assez embarrassé et parlant chapeau bas au vieux garde, tandis que celui-ci l'écoutait le chapeau sur la tête, il y a que, depuis que je vous ai quitté ce matin, j'ai beaucoup réfléchi.

— Ah ! vraiment, dit le père Watrin, et à quoi ?

— A tout, cher monsieur Watrin, et particulièrement à ceci, qu'il n'est ni bien ni beau de vouloir s'emparer du bien de son voisin, ce voisin fût-il prince.

— A quel propos me dites-vous cela, monsieur, et de quel bien ai-je jamais voulu m'emparer ? demanda le vieillard.

— Mon cher monsieur Watrin, dans ce que je viens de dire, continua le maire avec une certaine humilité, croyez qu'il n'a aucunement été question de vous.

— Et de qui donc est-il question, alors ?

— Mais de moi seulement, monsieur Watrin, et des méchantes propositions que je vous ai faites cette nuit à propos des baliveaux et des modernes qui peuvent avoisiner les limites de ma vente.

— Bon ! et c'est cela qui vous ramène ?

— Pourquoi pas, si j'ai compris que j'avais tort et que je devais des excuses à un brave et honnête homme que j'avais insulté ?

— Moi ! vous ne m'avez pas insulté, monsieur le maire.

— Si fait. On insulte un honnête homme quand on lui fait des propositions telles qu'il ne peut les accepter qu'en donnant un démenti à sa vie tout entière.

— Bon ! ce n'était point la peine de vous déranger pour si peu, monsieur Raisin.

— Vous appelez si peu que de rougir devant son semblable et de ne plus oser lui donner la main quand on le rencontre ! J'appelle cela beaucoup, moi, monsieur. Aussi je vous prie de me pardonner, monsieur Watrin.

— Moi ? demanda le vieux garde.

— Oui, vous.

— Je ne suis pas l'abbé Grégoire pour vous pardonner, dit le vieillard moitié touché, moitié riant.

— Non, mais vous êtes monsieur Watrin, et tous les honnêtes gens sont une même famille. J'en suis sorti un instant, donnez-moi la main pour y rentrer, monsieur Watrin.

Le maire prononça ces paroles avec un accent si profondément senti, que les larmes en vinrent aux yeux du vieillard. Il ôta son chapeau de la main gauche, comme il eût fait devant l'inspecteur monsieur Deviolaine, et tendit la main au maire.

Celui-ci la lui prit, et la lui serrant à la briser, si la main du vieux garde n'avait pas été douée elle-même d'une grande solidité :

— Maintenant, monsieur Watrin, lui dit-il, ce n'est pas le tout !

— Comment, ce n'est pas le tout ? demanda le garde.

— Non.

— Qu'y a-t-il donc encore, monsieur Raisin ?

— J'ai que je n'ai pas eu de torts cette nuit seulement vis-à-vis de vous seul.

— Ah ! oui, vous voulez parler de votre accusation contre Bernard. Vous voyez, monsieur le maire, il ne faut pas se hâter d'accuser.

— Je vois, monsieur, que ma colère contre vous m'a rendu injuste et a failli me faire commettre une action qui sera le remords de toute ma vie, si monsieur Bernard ne me pardonne pas.

— Oh ! qu'à cela ne tienne ! tranquillisez-vous, monsieur le maire, Bernard est si heureux qu'il a déjà tout oublié.

— Oui, cher monsieur Watrin, mais dans certains momens il peut se souvenir, et, dans ces momens-là, secouer la tête et dire entre ses dents : « C'est égal, monsieur le maire est un méchant homme tout de même ! »

— Ah ! dit le père Watrin en riant, je vous réponds pas que dans un moment de méchante humeur la chose ne lui revienne pas à la pensée.

— Il y a un moyen ; non pas que la chose ne lui revienne pas à la pensée, on n'est pas maître de sa mémoire, — mais que la chose lui venant à la pensée, il la repousse!

— Lequel ?

— C'est qu'il me pardonne cordialement et sincèrement comme vous venez de le faire, vous.

— Oh ! quant à cela, je vous en réponds comme de moi-même. Bernard, voyez-vous, il n'a pas plus de fiel qu'un poulet. Ainsi, regardez donc la chose comme faite ; s'il le faut même, pour ne pas vous déranger, et comme au bout du compte il est le plus jeune, il passera chez vous.

— J'espère bien qu'il passera chez moi et qu'il s'y arrêtera même, et vous, la mère Watrin, et Catherine, et François, et tous les gardes de votre garderie.

— Bon ! Et quand cela ?

— En sortant de la messe nuptiale.

— A quel propos ?

— A propos du repas des noces.

— Ah ! monsieur Raisin, non, merci !

— Ne dites pas non, monsieur Watrin, c'est résolu ainsi ; dame ! à moins que vous ne teniez absolument à me garder rancune, vous et votre fils. Je me suis mis dans la tête que ce soit moi qui donnerais le dîner de noces, que voulez-vous ? J'ai été à peine couché en revenant de chez vous, cette nuit, que ça m'a trotté dans la tête au point de m'empêcher de dormir. J'en ai fait le menu.

— Mais, monsieur Raisin...

— Il y aura d'abord un jambon du sanglier que vous avez tué hier, ou plutôt que François a tué ; puis monsieur l'inspecteur permettra bien qu'on abatte un chevreuil ; j'irai moi-même aux étangs de la Ramée choisir le poisson ; la maman Watrin fera les gibelottes, attendu qu'elle les fait, dame ! comme personne ; — puis nous avons un joli vin de Champagne qui vient directement d'Epernay,

et un vieux vin de Bourgogne, qui ne demandent qu'à se laisser boire.

— Cependant, monsieur Raisin...

— Pas de si, pas de mais, pas de cependant, père Guillaume, ou bien je dirai : Allons ! Raisin, il paraît que tu es vraiment un méchant homme, puisque te voilà brouillé à mort avec les plus honnêtes gens de la terre.

— Monsieur le maire, je ne puis vous répondre de rien.

— Ah ! si vous ne répondez de rien, alors ça ira mal pour les femmes, car ce sont les femmes, voyez-vous, c'est madame Raisin, c'est mademoiselle Euphrosine, qui m'ont fourré un tas de sottes et jalouses idées dans la tête ! Ah ! que monsieur l'abbé a bien raison de dire que de tout temps la femme a perdu l'homme.

Le père Watrin allait peut-être résister encore, quand il sentit qu'on le tirait par la poche de sa veste.

Il se retourna.

C'était le vieux Pierre.

— Ah ! monsieur Watrin, dit le bonhomme, ne refusez pas à monsieur le maire ce qu'il vous demande ! au nom... au nom...

Et le vieux Pierre chercha au nom de quoi il pouvait invoquer la miséricorde du père Guillaume.

— Ah ! dit-il, au nom des pièces de cent sous que vous avez données pour moi à monsieur l'abbé Grégoire, quand vous avez su que monsieur le maire m'avait chassé pour prendre Mathieu.

— Encore une idée que ces satanées femmes m'avaient fourrée dans la tête. Ah ! les femmes, les femmes ! il n'y a que la vôtre qui soit une sainte, monsieur Watrin.

— La mère, elle !... s'écria Watrin. Oh ! oh ! l'on voit bien...

Le père Watrin allait dire : On voit bien que vous ne la connaissez pas ; mais il s'arrêta à temps, et en riant acheva sa phrase :

— On voit bien que vous la connaissez, dit-il.

Puis regardant le maire, qui attendait sa réponse définitive avec anxiété :

— Allons ! dit-il, c'est convenu. On dînera chez vous le jour de la noce.

— Et la noce aura lieu huit jours plus tôt que vous ne croyez, s'écria monsieur Raisin.

— Comment cela ? demanda le vieux garde.

— Devinez où je vais.

— Quand ?

— De ce pas.

— Où vous allez ?

— Oui. Eh bien ! je vais à Soissons acheter les dispenses à monseigneur l'évêque.

Et le maire remonta dans sa carriole avec le vieux Pierre.

— Eh bien ! dit le père Watrin en riant, je vous réponds de Bernard alors. Vous lui en auriez fait dix fois pire qu'il vous pardonnerait tout de même.

Monsieur Raisin fouetta sa carriole, que le père Guillaume suivit des yeux avec tant de préoccupation qu'il en laissa éteindre sa pipe.

Puis, quand la carriole eut disparu :

— Ma foi ! dit-il, je ne le croyais pas si brave homme que cela !

Et battant le briquet :

— Il a raison, continua-t-il, ce sont les femmes... Oh ! les femmes ! les femmes ! murmura le père Watrin entre les bouffées de fumée de sa pipe.

Puis, secouant la tête, il revint d'un pas lent et pensif vers la Maison-Neuve.

Quinze jours après, grâce aux dispenses achetées par monsieur Raisin à monseigneur l'évêque de Soissons, l'orgue retentissait joyeusement dans la petite église de Villers-Cotterets, tandis que Bernard et Catherine, agenouillés devant l'abbé Grégoire, souriaient aux plaisanteries de François et de quiet Biche, qui suspendaient au-dessus de la tête des deux jeunes gens le poêle nuptial.

Madame Raisin et sa fille, mademoiselle Euphrosine,

agenouillées. sur des chaises rembourrées de velours et marquées à leur chiffre, assistaient à la cérémonie, un peu en dehors des autres conviés.

Mademoiselle Euphrosine regardait du coin de l'œil le beau Parisien encore pâle de sa blessure, mais déjà assez bien remis cependant pour assister à la noce.

Mais il était évident que monsieur Chollet était bien autrement préoccupé de la belle mariée, toute rougissante sous sa couronne d'oranger, que de mademoiselle Euphrosine.

L'inspecteur et toute sa famille assistaient à la cérémonie, entouré de ses trente ou quarante gardes forestiers comme d'une garde d'honneur.

L'abbé Grégoire prononça un discours qui ne dura pas plus de dix minutes, mais qui fit fondre en larmes tous les assistans.

A la sortie de l'église, une pierre lancée avec force tomba au milieu de la noce, mais par bonheur sans blesser personne.

La pierre venait du côté de la prison, qui n'est séparée de l'église que par une petite ruelle.

On aperçut Mathieu derrière les barreaux d'une fenêtre. C'était lui qui venait de lancer la pierre.

Alors, voyant qu'on le regardait, il rapprocha ses mains l'une de l'autre, et imita le cri de la chouette.

— Ohé ! monsieur Bernard, cria-t-il, vous savez, le cri de la chouette porte malheur.

— Oui, répondit François ; mais quand le prophète est mauvais, la prédiction est fausse.

Et la noce s'éloigna, laissant le prisonnier grincer les dents.

Le lendemain, Mathieu fut transféré des prisons de Villers-Cotterets dans celles de Laon, où se tiennent les assises du département.

Comme il l'avait prévu, il fut condamné à dix ans de galères.

Dix-huit mois après, les journaux, aux faits divers, contenaient cette nouvelle :

« On lit dans le *Sémaphore de Marseille :*

» Une évasion vient d'être tentée au bagne de Toulon, » qui a mal réussi au malheureux qui essayait de fuir.

» Un forçat, après s'être procuré, on ne sait comment, » une lime, était parvenu à scier l'anneau de sa chaîne et » à se cacher sous une pile de bois des chantiers où tra- » vaillent les galériens.

» Le soir venu, il gagna le bord de la mer en rampant » et sans être vu de la sentinelle ; mais, au bruit qu'il fit » en sautant à l'eau, la sentinelle se retourna et s'apprêta » à tirer sur le fugitif, au moment où, pour respirer, il » reparaîtrait à la surface de la mer. Au bout de quelques » secondes, il reparut, et le coup de fusil du soldat suivit » instantanément son apparition.

» Le fugitif plongea, mais cette fois pour ne plus repa- » raître.

» La détonation de l'arme à feu attira en un instant une » partie des soldats et des employés du bagne sur le théâtre » de l'événement ; on mit deux ou trois barques à la mer, » mais l'on chercha en vain soit le fugitif, soit son cadavre.

» Le lendemain seulement, vers dix heures du matin, » un corps inerte et flottant reparut à la surface de l'eau ; » c'était celui du forçat qui avait tenté de s'évader la » veille.

» Ce malheureux, condamné à dix ans de travaux forcés » pour tentative d'assassinat avec préméditation, mais » accompagné de circonstances atténuantes, était inscrit » au bagne sous le nom seul de Mathieu ! »

FIN DE CATHERINE BLUM.

TABLE DES CHAPITRES CONTENUS DANS CET OUVRAGE.

FIN DE LA TABLE DE CATHERINE BLUM.

PARIS. — IMPRIMERIE WALDER, RUE BONAPARTE, 44.

www.ingramcontent.com/pod-product-compliance
Lightning Source LLC
LaVergne TN
LVHW022154080426
835511LV00008B/1400